Quellen des islamischen Rechts

HANDBUCH ZUM ISLAMISCHEN RECHT

BAND III

Serdar Kurnaz

Quellen des islamischen Rechts

ebv
BERLIN

EBVERLAG

Bibliografische Information
der Deutschen Nationalbibliothek

Die Deutsche Nationalbibliothek verzeichnet diese Publikation in der Deutschen Nationalbibliografie; detaillierte bibliografische Daten sind im Internet über http://dnb.d-nb.de abrufbar.

Umschlagmotiv: Derya Kurnaz Eni

Umschlaggestaltung: Rainer Kuhl

Layout: Sina Nikolajew

ISBN: 978-3-86893-412-0

E-Mail: post@ebverlag.de
Internet: www.ebverlag.de

Druck und Bindung: Hubert & Co, Göttingen
Printed in Germany

Inhalt

Abbildungsverzeichnis

Verzeichnis der Textbeispiele

Vorwort

Das Handbuch zum islamischen Recht besteht aus 6 Bänden. Der vorliegende dritte Band widmet sich der Frage nach den Quellen des islamischen Rechts und ausgewählten Methoden zur Herleitung von Normen. Diesem Band gehen zwei Bände voraus: Band I beschreibt die Entstehung und Entwicklung der islamischen Rechtswissenschaften, der Rechtsschulen sowie der Bildungseinrichtungen. Dem schließt sich Band II an: Er fasst die theoretische Diskussion um Normkategorien zusammen und beinhaltet eine konzise Beschreibung von ausformulierten Normen aus ausgewählten Bereichen des islamischen Rechts. Band IV schließt sich dem hier vorliegenden Band III an und fasst die Interpretationsmethoden zusammen, die die Rechtsgelehrten entwickelt haben. Er behandelt die Frage, wie Belege aus den anerkannten Rechtsquellen interpretiert und aus ihnen Normen hergeleitet werden können. Band V setzt im Anschluss daran im 19. Jahrhundert an und fasst die moderne Entwicklung im islamischen Recht zusammen. Dieser Band legt seinen Schwerpunkt auf die Entwicklung in Deutschland, speziell der universitären Auseinandersetzung mit dem islamischen Recht. Band VI umfasst die wichtigsten Begriffe, ihre Erklärung sowie die Kurzbiographien aller Gelehrten und Wissenschaftler:innen[1], die in den Bänden vorkommen.

1 Das vorliegende Buch nimmt es sich zum Ziel, eine gendergerechte Sprache zu verwenden. In historischen Bezügen jedoch muss auf das Gendern zumeist verzichtet werden, da der historische Diskurs weit überwiegend männerdominiert war. Gibt es Ausnahmen, wie etwa im Falle von Prophetengefährt:innen, wird auf die gendergerechte Sprache geachtet.

Die Reihenfolge der Bände ergibt sich aus meiner Beobachtung zur Entwicklung des islamischen Rechts: Zur Entstehungszeit des islamischen Rechts haben semi-professionelle Richter sowie Rechtsgelehrte in ihren Unterrichtszirkeln Normen formuliert. Es haben sich unterschiedliche Praktiken entwickelt, aus denen sich Rechtsschulen herausgebildet haben. Rechtstheoretische, -methodische, -dogmatische und -hermeneutische Überlegungen folgten auf bereits etablierte bzw. sich allmählich durchsetzende Korpora von Normen. Größere Umbrüche und die Suche nach Neujustierungsmöglichkeiten sowie neuen Zugängen finden wir ab dem 19. Jahrhundert. Das heißt nicht, dass es vor dem 19. Jahrhundert keine Änderungen gab – der Rahmen, in dem das Handbuch entstanden ist, erlaubt es jedoch nicht, auf alle Entwicklungen einzeln einzugehen, weshalb Band V spät im 19. Jahrhundert ansetzt. Eine differenzierte Betrachtung der verschiedenen Entwicklungsstufen des islamischen Rechts erfolgt in Band I gesondert.

Ziel des Handbuches ist es, Studierenden der Islamischen Theologie, der Islamwissenschaft sowie der Rechtswissenschaft einen Überblick über die islamischen Rechtswissenschaften zu geben und auf zentrale Entwicklungen, Veränderungen und Konzepte des islamischen Rechts sowie auf die Denkweise der muslimischen Rechtsgelehrten aufmerksam zu machen. Das Handbuch adressiert auf dieselbe Weise das interessierte Publikum, das sich mit der muslimischen Rechtstradition auseinandersetzen möchte.

Obwohl alle Bände inhaltlich zusammenhängen, können sie unabhängig voneinander gelesen werden. Sie sind als in sich geschlossene, eigenständige Einführungen in das jeweilige Thema konzipiert. Dennoch gibt es Querverweise innerhalb der Bände, um auf nähere Informationen an anderer Stelle aufmerksam zu machen. Die Bände I bis V enthalten Übersetzungen aus Primärquellen, die ich so wörtlich wie möglich vorgenommen habe. Sie sollen das Fremde und Bemerkenswerte des Originals in der Zielsprache so verständlich wie möglich wiedergeben und als Diskussions- und Vertiefungsgrundlage des jeweiligen Themas dienen. Sofern die zitierte Quelle des arabischen Originals Vokalzeichen beinhaltete, wurden diese übernommen. Die Vokalisationen in den Textbeispielen sind daher nicht einheitlich. Studierende und Leser:innen ohne Arabischkenntnisse, für die die

Auseinandersetzung mit den Primärquellen von sekundärer Wichtigkeit ist, können den Inhalt in jedem Fall auch rein aus der Übersetzung verstehen. Jedes Kapitel endet mit einer Zusammenfassung, die die wichtigsten Punkte des jeweiligen Kapitels zusammenträgt.

Das Handbuch gibt die bekanntesten Theorien und Ansätze zu den islamischen Rechtswissenschaften sowie ihrer Entstehung und Entwicklung wieder. Daher wird nur für solche Informationen im Fußnotenapparat auf Belegstellen verwiesen, für die ein direktes Zitat (inklusive Koran- und Hadithzitate) vorliegt, eine Textstelle übersetzt oder eine bestimmte Deutung wiedergegeben wird, die nur von vereinzelten Personen vertreten wird. Für jeden Band habe ich eine Literaturauswahl getroffen, die als Leitlektüre diente. Das Literaturverzeichnis umfasst daher nicht nur die im Fußnotenapparat vorkommenden Quellen, sondern darüber hinaus auch solche, die ich inhaltlich einbezogen, aber im Fußnotenapparat nicht kenntlich gemacht habe. Ferner umfasst es Literaturempfehlungen und fällt deshalb länger aus als eine reine Auflistung der tatsächlich einbezogenen Quellen. Ich habe alle technischen Begriffe, alle explizit genannten Werke aus den islamischen Rechtswissenschaften und auch die Gelehrten in den folgenden Werken nachgeschlagen und die dortigen Aussagen in paraphrasierter Form angeführt. Da es unzählige Einträge sind, seien hier die Enzyklopädien nur genannt und die konsultierten Einträge nicht gesondert aufgelistet: *Encyclopaedia of Islam,* Second Edition (*EI²*), *Encyclopaedia of Islam – Three* (*EI³*), *Türkiye Diyanet Vakfı İslâm Ansiklopedisi, Lexikon für Kirchen- und Religionsrecht.* Für die EI³ gilt zu beachten, dass einige islamrechtlich relevante Themen nicht mithilfe der Transkription des arabischen Terminus' gefunden werden können, sondern mit der englischen Übersetzung, wie etwa »courts of law« und »education«. Die bibliographischen Informationen zu den Enzyklopädien sind im Literaturverzeichnis komplett angeführt; man beachte auch ihre online abrufbaren Versionen. Neben den dortigen Einträgen habe ich mich in diesem Band besonders an den folgenden Studien orientiert, die im Literaturverzeichnis vollständig aufgelistet sind: Hallaq, *A History of Islamic Legal Theories*; Kamali, *Principles of Islamic Jurisprudence*; Krawietz, *Hierarchie der Rechtsquellen im tradierten sunnitischen Islam*; Kurnaz, »Der Diskurs über *maqāṣid aš-šarīʿa*«; Opwis, *Maṣlaḥa and the Purpose of the Law*; Šaʿbān, *Uṣūl al-fiqh al-islāmī*; Weiss, *The Search for God's Law*; Zuḥaylī, *Uṣūl al-fiqh al-islāmī*; Zysow, *The Economy of Certainty*.

Mit einem Schlagwort- und Personenverzeichnis und einem Anhang, der einen QR-Code sowie einen Link zu einer weiteren Übersichtsskizze enthält, wird das Buch abgeschlossen.

Jeder der Bände des Handbuchs zum islamischen Recht profitierte von kritischen Rückmeldungen von Freund:innen und Kolleg:innen. Einige von ihnen haben einzelne oder alle Bände gegengelesen, manche unterstützten mich bei der Literaturbeschaffung und -auswahl, andere gingen sorgfältig die Konzeption des Handbuchs mit mir durch. Ich habe in diesem Sinne Aydın Süer, Bahattin Akyol, Hatem Elliesie, Hureyre Kam, Irem Kurt, Ufuk Topkara und Usama Abdurahman zu danken. Danken möchte ich auch Sina Nikolajew für das umsichtige Lektorat sowie die geduldige und genaue Publikationsvorbereitung. Derya Kurnaz Eni möchte ich für das schöne Motiv, das sie für das Handbuch entworfen hat, danken. Gedankt sei auch Rainer Kuhl vom EB-Verlag für die Betreuung der Reihe und die Aufnahme in das Publikationsprogramm.

Berlin, im Juli 2023

Einleitung

Kufa, Irak, wir schreiben das Jahr 1176: Ein kufischer Händler muslimischen Glaubens trifft auf einen durchreisenden medinensischen Händler. Dieser hat hochwertige Datteln aus Medina in seinem Sortiment. Der kufische Händler fragt nach dem Preis: Ein Schnäppchen! Erwirbt er die Datteln, kann er sie mit hohem Gewinn weiterverkaufen. Er hat aber nicht genügend Geld, um alle Datteln zu kaufen. Doch er hat eine Idee: Er möchte die Datteln, die er selbst besitzt, die aber qualitativ nicht so hochwertig sind wie die des Gegenübers, und zusätzlich eine Menge Dīnār (Goldgeld) für die gesamte Menge Datteln aus Medina eintauschen. Der Händler aus Medina wird misstrauisch: Versucht sein Gegenüber gerade, das *ribā*-Verbot zu umgehen, das den Tausch von Datteln in abweichender Menge verbietet? Sie suchen einen *muftī* (einen Rechtsgelehrten, Mufti) auf, der in strittigen Fällen Gutachten (Fatwas) erteilt. Der Mufti fragt sie, welcher Rechtsschule sie folgen. Der kufische Händler ist Hanafit; der medinensische ist Malikit. Entsprechend variieren die Lösungen, die der Mufti vorschlägt (die Auflösung folgt unten in Textbeispiel 9). Die beiden Händler fragen sich, womit das wohl zu tun hat – derselbe Fall, aber zwei unterschiedliche Lösungen.

London, England, 2015: Eine muslimische Frau, die nach jahrelanger Ausbildung einen unbefristeten Arbeitsvertrag in ihrem Wunschunternehmen unterschrieben hat, möchte ihren Traum verwirklichen, ein Eigenheim zu erwerben. Sie steht noch am Anfang ihrer vielversprechenden Karriere und ist knapp bei Kasse. Die Preise für das Eigenheim in London und Umgebung sind astronomisch; ohne einen Kredit ist der Erwerb unmöglich. Kredite aber werden verzinst. Sie erinnert sich daran, dass Zinsen nach dem islamischen Recht verboten sind und fragt sich: »Ist das tatsächlich so? Wie soll ich dann überhaupt ein Haus kaufen können?«

Diese beiden Geschichten sind fiktiv, aber nicht realitätsfern. Muslim:innen hatten und haben zu verschiedenen Zeiten und an verschiedenen Orten das Bedürfnis, danach zu fragen, wie sie sich korrekt verhalten können. Akut waren und sind Fragen wie: Wie begründet man eine bestimmte Meinung? Woran erkennen wir, welche Meinung legitim und welche hinfällig ist? Verallgemeinern wir die Frage: Wie können Muslim:innen guten Gewissens handeln?

Eine Antwort darauf, die den meisten auf Anhieb einfallen wird, ist: Schauen wir doch einfach in den Koran. Er ist das Wort Gottes, und nach ihm können wir uns richten. Vereinfacht ausgedrückt: Alles was im Koran gebilligt wird, darf getan werden, alles was in ihm missbilligt wird, darauf muss verzichtet werden. Aber ist das wirklich so einfach?

Kehren wir nun zurück nach London und schauen wir uns das Zinsverbot an:

> Q 2:275: »Die den *ribā* verzehren, die stehen nicht anders da als einer, den der Satan schlug und dann niederstreckte. Dies, weil sie sagen: ›Verkauf ist doch nichts anderes als *ribā*!‹ Doch Gott erlaubte das Verkaufen und verbot den *ribā*.«[2]

Wir können im Vers sehen, dass Kaufgeschäfte erlaubt sind und *ribā* verboten ist. Was aber ist *ribā*? Ist es eine altarabische Praxis, auf die der Koran verweist? Gilt es für uns heute noch? Darf man eine bestimmte *ribā*-Praxis als Anlass dafür nehmen, Ähnliches zu verbieten? Was soll es überhaupt bedeuten, dass man, wenn man *ribā*-Verträge schließt, als jemand dasteht, »den der Satan schlug und dann niederstreckte«?

Was *ribā* konkret ist, erklärt der Koran also nicht. Es liegt aber nahe, dass der Prophet Muhammad, der den Koran verkündete, dazu

2 Koranübersetzungen nach Bobzin; ich habe hier seine Übersetzung von *ribā* als Zins nicht aufgenommen und durch *ribā* selbst ersetzt.

etwas gesagt hat. Folgen wir nun der gleichen Logik wie oben, dass wir uns stets am Koran zu orientieren haben, dann erfahren wir von Q 16:44, dass der Prophet den Menschen den Koran erklärt hat. Es ist daher zu erwarten, dass er sich zum *ribā* geäußert hat. Bekanntlich gibt es Sammlungen, die die überlieferten Aussagen des Propheten (Hadithe) zusammentragen. Dort finden wir Hadithe, die auch auf *ribā* eingehen, etwa im *Ṣaḥīḥ* von Muslim, wo es heißt:

> »Es berichtete uns Abū Bakr ibn Abī Šayba [gest. 235/849]: Es berichtete uns Wakīʿ [ibn al-Ǧarrāḥ, gest. 197/812]: Es berichtete uns Ismāʿīl ibn Muslim al-ʿAbdī [ca. 160/776–777]: Es berichtete uns Abū l-Mutawakkil an-Nāǧī [gest. 102 bzw. 108/720–721 bzw. 726–727] auf Autorität von Abū Saʿīd al-Ḫudrī [gest. 74/693–964]. Er sagte: ›Der Gesandte Gottes sagte: »Gold gegen Gold, Silber gegen Silber, Weizen gegen Weizen, Gerste gegen Gerste, Datteln gegen Datteln, Salz gegen Salz [dürfen nur] bei gleichem Maß (*miṯlan bi-miṯlin*) und von Hand zu Hand (*yadan bi-yadin*) [getauscht werden]. Wer etwas hinzufügt oder danach wünscht, begeht *ribā*. Der Gebende und Nehmende sind diesbezüglich gleich.«‹«[3]

Wir stellen fest: Tauschen wir zwei gleiche Gegenstände gegeneinander ein, darf die Tauschmenge auf beiden Seiten nicht abweichen. Zudem ist eine Stundung verboten: der Tausch soll sofort geschehen. Wir wissen aber immer noch nicht, was geschieht, wenn wir zwei unterschiedliche Waren miteinander tauschen, oder gar eine Ware gegen Entgelt käuflich erwerben. Ein anderer Hadith besagt: »Der *ribā* liegt vielmehr (oder: besonders) in der *nasīʾa*« (»*innamā r-ribā fī n-nasīʾa*«).[4] Was ist *nasīʾa*? Beschränkt sich *ribā* doch nur darauf?

Wie löst man diese Ungereimtheit unter Hadithen auf? Muss ich jeden Hadith berücksichtigen oder muss ich sie zuerst einer Authentizitätsüberprüfung unterziehen? Sind alle Hadithe verbindlich? Gibt

3 Übersetzung aus Kurnaz, *Tradition und Fortschreibung*, 194. Das Original befindet sich in Muslim, *Musāqāt*, Bāb 15, Nr. 82 (1584), mit leichter Abweichung Nr. 81 (1587).

4 Siehe z. B. Muslim, *Ṣaḥīḥ*, *Musāqāt*, Bāb 18, Nr. 102 (1596).

es nur eine Auslegungsoption für authentische Hadithe? Damit nicht genug: Wie gehen wir mit Zinsgeschäften heute um: Fallen sie unter das *ribā*-Verbot, da man eine bestimmte Menge Geld erhält, aber später verzinst mehr zurückgibt? Ferner: Wenn der Koran Kaufgeschäfte (*buyūʿ*) erlaubt, sind davon alle Geschäftsmodelle, die wir als vernünftig erachten, betroffen? Wie steht es um die Gewohnheit der Menschen: Darf man sie zur Grundlage der Rechtsfindung machen, wenn Menschen daran gewöhnt sind, bestimmte Kaufgeschäfte zu schließen? Was passiert, wenn es Fälle und Rechtsbereiche gibt, zu denen der Koran und die Sunna nichts sagen, wie z. B. zur künstlichen Befruchtung der Eizelle? Ganz grundsätzlich: Wieso soll man sich überhaupt auf den Koran und auf die Sunna beziehen, um festzustellen, ob eine Handlung gerechtfertigt ist?

Auf diese und weitere Fragen reagieren muslimische Gelehrte insbesondere in der Literatur zu den *uṣūl al-fiqh*, also den Grundlagen des islamischen Rechts. Diskutiert werden im *uṣūl al-fiqh*-Genre Themen wie die gültigen Rechtsquellen, Methoden zur Herleitung von Normen, wer diese Normen herleiten darf, wer als juristisch verantwortliche Person gilt und welche Normkategorien es gibt. Die vorliegende Einführung befasst sich mit den Hauptdiskussionspunkten um die Quellen des islamischen Rechts und der Frage, welche Quellen es überhaupt gibt, die die muslimischen Gelehrten berücksichtigen, um Handlungen auf ihre Zulässigkeit und Verbindlichkeit hin zu prüfen.

Generell nehmen die Gelehrten – insbesondere Sunniten – an, dass der Mensch der Offenbarung bedarf, um einschätzen zu können, ob er eine Handlung korrekt bewertet hat. Manche gehen sogar so weit, zu sagen, dass der Mensch gar nicht anders kann: Die Legitimität von Handlungen bemisst sich nur nach den Aufforderungen Gottes im Koran und denen seines Gesandten Muhammad in der Sunna, also an allem, was dieser getan, gesagt und zugelassen hat. Der Grundgedanke ist, dass die Offenbarung und der Prophet als eine übergeordnete Instanz zeigen, was zu tun oder zu unterlassen ist. Von diesen werden Methoden, Prinzipien und Grundsätze hergeleitet, die die Gelehrten dazu befähigen sollen, ihnen entsprechende, also schariakonforme Lösungen zu finden. Daher stellt sich die Frage, welche Quellen man für die Bewertung von Handlungen konsultieren darf.

Hinter ›Quelle‹ steckt der arabische Begriff *dalīl* (Pl. *adilla*). Er ist ambig: Neben der Bedeutung ›Quelle‹ kann er auch im Sinne eines Einzelbeleges innerhalb dieser Quellen verwendet werden. Nicht selten werden Methoden ebenfalls als *dalīl* bezeichnet, so etwa Schlussformen, die unter den Begriff *qiyās* fallen. Wörtlich bedeutet *dalīl* ›Hinweis‹ und ›Beleg‹. Da sowohl Quellen als auch Methoden es ermöglichen, Normen herzuleiten, also auf sie hinweisen bzw. verweisen, benutzen die Gelehrten für beide den Begriff *dalīl*. Moderne Einführungswerke dagegen unterscheiden Quellen von den in ihnen enthaltenen Einzelbelegen mit dem Begriff *maṣdar*. Wenn hier also der Begriff ›Quelle‹ im Sinne von *dalīl* verwendet wird, dann sind damit nicht nur Rechtsquellen gemeint, sondern auch Methoden, die über die Schriftauslegung hinaus auf Normen verweisen. Der Schriftauslegung und den dazugehörigen Methoden ist ein eigener Band gewidmet;[5] sie werde ich hier nicht besprechen.

Der Fokus der Einführung liegt auf der sunnitischen Tradition. Sie wird gelegentlich um die schiitische ergänzt. Die zu besprechenden Quellen habe ich in Haupt- und Sekundärquellen eingeteilt. Die Hauptquellen teile ich in umstrittene und unumstrittene auf. Unumstritten sind weitestgehend der Koran und die Sunna, umstritten dagegen der Gelehrtenkonsens (Idschma, *iǧmāʿ*) und der *qiyās*. Einige Sunniten und insbesondere die Schiiten lehnen die letzten beiden ab. Sie gehören aber nach der Mehrheit der Sunniten zu den Hauptquellen des islamischen Rechts. Alle weiteren Quellen bezeichne ich als ›Sekundärquellen‹, da sie bei einem Widerspruch zu den Hauptquellen (weitestgehend) nicht berücksichtigt werden dürfen.

Die Einführung hat neben der Einleitung und dem Schlusswort vier Kapitel. In den ersten drei Kapiteln werde ich die Haupt- und Sekundärquellen darstellen. Sie stammen alle aus der *uṣūl al-fiqh*-Literatur. Einige der Quellen und Schlussformen, die ich in Kapitel 3 bespreche, sind nach manchen Gelehrten konkrete Arten der Beweisführung (*istidlāl*). *Istidlāl* ist ein weiter Begriff, unter dem verschiedene

5 Siehe Band IV.

Argumente und Schlussformen subsumiert werden. Daher werde ich *istidlāl* nicht gesondert behandeln, sondern auf ihn, wenn notwendig, jeweils an der konkreten Stelle verweisen. Kapitel 4 behandelt einige Quellen bzw. Methoden, die außerhalb der *uṣūl al-fiqh*-Literatur zu finden sind. Die Einführung endet mit einem kurzen Schlusswort. Im Anhang steht eine Übersichtsdarstellung (Schema 3) zu den Quellen des islamischen Rechts unter dem angegebenen Link bzw. QR-Code zum Download bereit.

Bevor wir uns die einzelnen Quellen, Argumente und Methoden anschauen können, möchte ich auf eine Unterscheidung aufmerksam machen, die uns in der Einführung begleiten wird. Es geht dabei um erkenntnistheoretische Begriffe. Erkenntnistheorie (Epistemologie) ist die Wissenschaft, die die Möglichkeiten des Menschen, Wissen zu erwerben, und ihre Rechtfertigung behandelt. Die muslimische Tradition unterscheidet zwei Ebenen, die in den Bereich der Erkenntnistheorie fallen: 1. *Ṯubūt* – die Feststellbarkeit einer Aussage: Wie sicher ist es, dass eine Aussage bzw. Information vom Propheten stammt? 2. *Dalāla* – der Hinweischarakter: Wie wahrscheinlich ist die Bedeutung, die wir einem Bericht oder einer Koranpassage entnehmen? Wissen wir mit Gewissheit, dass das Wort *ribā* ›Zinsen‹ bedeutet, oder können wir es nur vermuten? Beide Ebenen teilen sich in präsumtiv (*ẓannī*, ›wahrscheinlich‹) und definitiv (*qaṭʿī*) auf. Wir müssen also den oben zitierten Hadith zum *ribā*-Verbot prüfen und feststellen, wie sicher es ist, dass diese Aussage vom Propheten stammt. Erst dann können wir uns die Frage stellen, was sie bedeutet und wie wahrscheinlich diese Bedeutung ist.

Ferner hilft diese Kategorisierung in folgenden Fällen: Kollidieren z. B. eine Aussage im Koran und ein Hadith, kann die Zuordnung zu einer der beiden Stufen entscheidend dafür sein, um die Kollision aufzulösen. Denn je weniger wahrscheinlich eine Aussage auf den Propheten zurückgeführt werden kann, desto unwahrscheinlicher ist es, dass sie in den Prozess der Herleitung von Normen eingebunden wird. Gleiches gilt für die Wahrscheinlichkeit von Bedeutungen, die man den Aussagen entnehmen kann.

Die vorliegende Einleitung bespricht also Theorien zu den Quellen des islamischen Rechts. Sie hat nicht zum Ziel, zu zeigen, wie genau die Gelehrten Normen hergeleitet haben. Es sind zwar Quellen, mithilfe derer die Gelehrten entweder bestehende Normen legitimierten und/oder neue Normen und Regelungen begründeten. In der tatsächlichen Rechtspraxis konnte jedoch die Art und Weise variieren, wie (intensiv) auf diese Quellen verwiesen wurde. Ferner haben die Gelehrten auch stark mit Rücksicht auf etablierte Meinungen und Prinzipien innerhalb ihrer Rechtsschulen argumentiert und neue Normen und Regelungen begründet. Ungeachtet der Frage nach der tatsächlichen und genauen Berücksichtigung der Quellen, Methoden und Prinzipien, die im Folgenden präsentiert werden sollen, hat die Einführung das Ziel, die unterschiedlichen Ansätze und Theorien der Gelehrten zu den Quellen des islamischen Rechts zusammenfassend darzustellen.

Kapitel 1: Die Hauptquellen Koran und Sunna

1.1 Der Koran

Der Koran (arab. *al-Qur'ān*, ›die Rezitation‹, auch: *al-Kitāb*, ›das Buch‹) ist die erste Hauptquelle des islamischen Rechts. Jede Rechtsschule erkennt ihre Autorität an. Die Definition dagegen ist umstritten. Zusammenfassend wird er wie folgt definiert: Der Koran ist die Rede Gottes (*ḫiṭāb Allāh*), die auf den Propheten Muhammad herabgesandt worden ist, in arabischer Sprache mit unnachahmlichem Charakter, überliefert Exemplaren (*maṣāḥif*, Sg. *muṣḥaf*), die mit der Sure *al-Fātiḥa* (›Die Eröffnende‹) auf dem Wege des *tawātur*, aufbewahrt in schriftlichen beginnen und mit der Sure *an-Nās* (›Die Menschen‹) enden.

Der Koran ist also Rede Gottes, die in Schriftform aufbewahrt ist. Ob der Koran direktes Wort Gottes auf Arabisch ist, ob Gabriel die göttliche Botschaft entziffert und ins Arabische übersetzt hat oder diese Aufgabe der Prophet übernahm, ist umstritten. Die Mehrheitsmeinung in dieser Frage ist, dass Gabriel die arabische Rede an den Propheten übergeben hat.

Die Herabsendung des Korans von Gott auf seinen Gesandten, der ihn verkündete, dauerte ca. 23 Jahre. Begonnen hat sie im Jahre 609 in Mekka; sie endete mit dem Ableben des Propheten im Jahre 632 in Medina. Die Herabsendung des Korans beschreiben die Gelehrten wie folgt: Nach der Mehrheitsmeinung befand sich der Koran auf einer himmlischen Tafel (*al-lawḥ al-maḥfūẓ*, die ›wohlverwahrte Tafel‹, vgl. Q 85:21–22). Von dieser Tafel wurde der Koran zunächst als ganzes Buch auf eine gewisse Himmelssphäre, die ›Haus der Erhabenheit‹ (*bayt al-ʿizza*) heißt, herabgesandt. Dieses Buch, das überzeitlich ist, also nicht im Laufe der Menschheitsgeschichte entstanden ist, wurde dann über einen Zeitraum von etwa 23 Jahren zu verschiedenen Anlässen auf die Erde herabgesandt. Die Anlässe, die zur Verkündung des Korans führten, engen nach der Mehrheitsmeinung den Wirkungskreis der koranischen Botschaft nicht auf die Arabische Halbinsel des 7. Jahrhunderts ein. Vielmehr habe der allgemeine Wortlaut ewige Gültigkeit. Zeitgenössische Ansätze kritisieren diese Haltung und sehen die Botschaft des Korans als universell, den man nur herleiten könne, wenn man dem Koran in seinem eigenen Kontext verorte und dementsprechend lese und deute.

Schon während der Lebzeiten des Propheten wurde diese Verkündigung, die Rede Gottes, verschriftlicht. Die arabische Schrift war damals noch unausgereift. Viele ähnliche oder formgleiche Buchstaben (z. B. *tāʾ*, *yāʾ*, *nūn*, *rā* und *zāy*) wurden nicht voneinander unterschieden. Erst ungefähr ein halbes Jahrhundert nach dem Tode des Propheten wurden diakritische Punkte eingesetzt, um sie eindeutig unterscheiden zu können.

Der Korantext bestand zunächst aus einem Konsonantengestrüpp, das erst später mit Punkten und Vokalzeichen ergänzt wurde. Die arabische Sprache hat keine Buchstaben für Vokale, sondern nur Vokalzeichen. Je nach grammatischer Konstellation können Wörter unterschiedlich vokalisiert werden, was auch ihre Bedeutung verändern kann. Nichtmuttersprachler:innen hatten daher Schwierigkeiten, den Korantext adäquat zu lesen. Zu den ersten, die den Text mit Vokalzeichen ergänzt haben, gehört Abū l-Aswad ad-Duʾalī (gest. 69/688).

Der Koran wurde erst nach dem Ableben des Propheten zu einem Buch zusammengetragen. Die muslimische Überlieferung spricht von zwei Kodifikationsphasen: Ein erstes Zusammentragen bestehender schriftlicher Fragmente in den Jahren 633 bis 634 und eine zweite Phase zwischen den Jahren 646 und 651, in der der Text teilweise vereinheitlicht (man spricht von Kanonisierungsbestrebungen) wurde und von Schreibern vervielfältigt. Bis zu 7 Exemplare wurden angefertigt und an die großen Städte Mekka, Medina, Kufa, Basra, nach Jemen, Syrien und Ägypten gesandt.

Das Zusammentragen des Korans wird in den Überlieferungen wie folgt beschrieben: Jedes schriftliche Exemplar des Korans wurde von zwei Zeugen auf seine Echtheit hin geprüft und bestätigt. Es wird überliefert, dass es nur wenige Fragmente gab, die nicht durch zwei Zeugen bezeugt werden konnten. Dies sind spezielle Fälle, bei denen ein Prophetengefährte, der besonders vertrauenswürdig gewesen sein soll, die Echtheit bezeugte. Der Prophet habe bereits vor seinem Ableben angeordnet, dass die Zeugenaussage dieses Gefährten so stark sei wie die Aussage von zweien. Das auf diese Art vielfach bezeugte Korankorpus war von vielen frühen Muslim:innen bereits vor dem Zusammentragen auswendig gelernt worden und somit das zusammengetragene Korpus schon aufgrund dieser Tatsache mehrfach bezeugt. Die muslimische Gelehrsamkeit sieht diese weite Verbreitung als Echtheitskriterium: Es haben also so viele Menschen über Generationen hinweg das bestehende Korankorpus bestätigt, dass kein Zweifel mehr darin besteht, dass es in dieser Form mit der Verkündigung des Propheten übereinstimmt.

Diesen Überlieferungsweg nennt man *tawātur*; der Koran ist also *mutawātir*. Die Folge davon ist, dass jede Koranpassage *qaṭʿī aṯ-ṯubūt* ist: Sie ist definitiv auf den Propheten zurückführbar. Also müssen die rechtsrelevanten Passagen des Korans in der Normfindung definitiv berücksichtigt werden. Das klingt im ersten Augenblick zwar trivial, aber diese Bewertungskategorie spielt für alle anderen Rechtsquellen eine zentrale Rolle, wie wir noch weiter unten sehen werden. Damit ist der Koran eine Quelle für die Herleitung von Normen, ja sogar eine Grundlage dafür, um zu bewerten, ob eine Methode oder Rechtsquelle berücksichtigt werden darf und also Beweischarakter (*ḥuǧǧīya*) hat.

Wenn auch der Koran, so wie er uns heute vorliegt, nach muslimischer Auffassung definitiv vom Propheten stammt, ist der Text nicht eindeutig zu entschlüsseln, da er unterschiedliche Lesarten (*qirāʾāt*) zulässt. Diese Lesarten haben oft keine Bedeutungsverschiebung zur Folge. Zum Beispiel kann man die Aussage »Was lässt dich wissen« (siehe z. B. Q 90:17) im Arabischen als *wa-mā adrāka* oder *wa-mā adrēke* lesen, was aber dasselbe bedeutet. Andere Lesarten hingegen haben sehr wohl eine Auswirkung auf die Bedeutung.

Bekannt ist der Fall in Q 2:222, wo der Geschlechtsverkehr während der Menstruation untersagt wird: »[N]ähert euch ihnen nicht, bis sie rein sind«. Im Arabischen wird das Rein-Sein mit den Konsonanten *y-ṭ-h-r-n* wiedergegeben. Lesen lässt sich dieses Wort als *yaṭhurna* und *yaṭṭahharna*. Beide Lesarten sind *mutawātir*, also in unbestimmt großer Menge bezeugt. Der Unterschied zwischen beiden Lesarten ist folgender: Nach der ersten Lesart geht es darum, dass die Menstruation der Frau endet und sie durch das Ausbleiben der Blutung wieder als rituell rein gilt. Damit wäre es erlaubt, Geschlechtsverkehr zu haben. Nach der zweiten Lesart gilt, dass die Frau sich nach dem Ende der Menstruationsphase rituell reinigen muss, damit der Geschlechtsverkehr gestattet ist.

Ähnlich ist es in Q 4:43, wo die Unterbrechung des Zustandes der Reinheit thematisiert wird. Dabei wird erwähnt, dass das Berühren einer Frau zur rituellen Unreinheit führt. Was genau mit ›berühren‹ gemeint ist, ist unklar. Die Konsonantenfolge im arabischen *l-m-s-t-m* lässt zwei Lesarten zu: *lāmastum* (mit einem langen Vokal in der ersten Silbe), also ›berühren‹ im Sinne von Geschlechtsverkehr, und *lamastum*, ›berühren‹ im wörtlichen Sinne als jeglicher Kontakt.

Nicht alle überlieferten Lesarten des Korans dürfen in die Herleitung von Normen einbezogen werden. Zugelassen sind *mutawātir*-Lesarten. Ausgeschlossen sind meist Lesarten, die nur bekannt (*mašhūr*), einfach belegt (*āḥād*), abwegig (*šāḏḏ*), hinzugefügt (*mudraǧ*) oder erfunden (*mawḍūʿ*) sind. Dennoch kann es Fälle geben, in denen einige Rechtsschulen z. B. Hinzufügungen (d. h. *mudraǧ*-Lesarten) berücksichtigen. So legt Q 5:89 für das Brechen eines geleisteten Schwurs u. a. fest, als Sühneleistung (*kaffāra*) drei Tage lang zu fasten. Vom Prophetengefährten ʿAbdallāh ibn Masʿūd (gest. 32/652–653) wird überliefert, dass er diese Aussage ergänzt und wie folgt liest: »Wer das aber nicht kann, für den gilt drei *aufeinanderfolgende* Tage Fasten«. Das Wort *aufeinanderfolgende* ist nur von Ibn Masʿūd belegt; die *mutawātir*-Lesarten beinhalten diese Hinzufügung nicht. Hanafiten erkennen Ibn Masʿūds Lesart in diesem Fall an; andere Rechtsschulen sehen sie lediglich als eine Interpretation Ibn Masʿūds und lehnen sie ab.

Der Korantext ist also auslegungsbedürftig, nicht nur, weil es abweichende Lesarten gibt. Er ist oft ungenau in seinen Aufforderungen. Selten werden die Handlungen, zu denen er auffordert, detailliert erklärt. So ist z. B. unklar, unter welchen Bedingungen die Hand eines Diebes nach Q 5:38 als Sanktion amputiert werden soll. Unklar ist auch, ob z. B. der Alkoholkonsum durch Q 5:90 insgesamt verboten ist oder sich das Verbot nur auf den Weinkonsum bezieht. Q 2:228 spricht von der Wartefrist der geschiedenen Frauen: Sie sollen drei *qurūʾ* lang warten. Es ist aber unklar, was genau *qurūʾ* bedeuten soll. Auch das *ribā*-Verbot, also das Verbot des Wucherzinses in Q 2:275 ist unklar; man weiß nicht genau, was darunter zu verstehen ist. Die Erlaubnis, Kaufgeschäfte zu schließen ist ebenfalls allgemein gehalten. Welche Kaufvertragstypen darunter fallen, ist Auslegungssache. Ferner fordert der Koran dazu auf, Almosensteuer zu zahlen und das Gebet zu verrichten, führt aber nicht aus, wie man in beiden Fällen genau vorgehen soll. Der Koran ist also höchst auslegungsbedürftig, sowohl nach sunnitischer als auch schiitischer Auffassung. Einige schiitische Gruppierungen gehen sogar davon aus, dass ohne die Erklärung der Imame der Koran überhaupt nicht verständlich ist, was allerdings innerhalb der Schia selbst kritisiert wird.

Man könnte jetzt zugespitzt fragen: Ist der Koran immer so unklar? Nein; es gibt auch klare Aussagen, die sogar sehr detailliert ausfallen können. So gibt es klare Aussagen des Korans zum Erb- und Familienrecht. Insgesamt lässt sich sagen, dass der Koran wenige klare, ausdrückliche Anweisungen hat. Das meiste muss dagegen ausgelegt, mit Rücksicht auf andere Quellen ergänzt und die zusammengestellten Informationen zu einer Norm ausformuliert werden. Der Koran ist daher kein Gesetzbuch, sondern eine Quelle, aus der mit menschlicher Bestrebung Normen hergeleitet werden.[6]

Wenn nun der Koran eine Rechtsquelle ist, stellt sich die Frage, ob er auch als Ganzes berücksichtigt werden muss. Der Koran beinhaltet insgesamt nur wenige rechtsrelevante Aussagen. Man zählt zwischen 250 und 500 rechtsrelevanten Koranversen (sog. Normverse, *āyāt al-aḥkām*).[7] Die Mehrheit des Korans bezieht sich auf (historische) Ereignisse, Erzählungen, Gleichnisse und Glaubensgrundlagen. Die vor-

6 Die Methoden zur Interpretation der religiösen Quellen werden gesondert in Band IV besprochen.

7 Für exegetische Werke, die sich mit diesen Versen befassen, siehe Band I, Kapitel 3.2.3. Solche tragen vornehmlich den Titel *Aḥkām al-Qurʾān*.

handenen rechtsrelevanten Aussagen beziehen sich auf unterschiedliche Handlungen. Einige von ihnen regeln die Beziehung zwischen Gott und Mensch (das sind gottesdienstliche Handlungen, *ʿibādāt*). Dazu gehören z. B. das Fasten (*ṣawm*), Beten (*ṣalāt*) und die rituelle Reinheit (*ṭahāra*). Aussagen im Koran beziehen sich aber auch auf Handlungen, die das Verhältnis unter den Menschen regeln (das sind sog. zwischenmenschliche Beziehungen, *muʿāmalāt*). Hierunter fallen auch strafrechtliche Aussagen (also Strafrechtliches, sog. *ʿuqūbāt*).

Die meisten Handlungsvorschriften sind keine koranischen Erfindungen; sie gehen auf altarabische Traditionen und als arabisches Gewohnheitsrecht etablierte Praxis aus anderen Rechtskulturen zurück. Der Koran übernimmt aber die bestehenden Praktiken nicht unkritisch. Er revidiert einige, viele erklärt er für nichtig, andere übernimmt er vollständig. So werden z. B. einige Arten von Kaufgeschäften in bestehender Form übernommen, jedoch Kaufgeschäfte, die durch die Berührung der Ware zum Kauf verpflichten, und *ribā* verboten. Eheschließungsformen, bei denen der Mann Brautgeld (*mahr*) zahlt und zwei Zeugen die Eheschließung bezeugen, sind altarabisch. Auch die Scheidungsform *ṭalāq*, d. h. der einseitige Scheidungsausruf des Mannes, ist altarabisch. Sie wurde aber revidiert: Der Mann darf diese Scheidung nur dreimal tätigen, danach erlischt die Möglichkeit, dass die Frau zu ihrem Mann zurückkehrt, und eine endgültige Scheidung (*ṭalāq bāʾin*) erfolgt. Die Körperstrafen orientieren sich ebenfalls an altarabischer Tradition. Neu ist dagegen, dass Frauen zu den Quotenerben (*aṣḥāb al-farāʾiḍ*) gehören und erbberechtigt sind, wenn auch geschlechtsbedingt mit geringeren Quoten.

Die Verteilung rechtsrelevanter Aussagen im Koran ist nicht systematisch. Insbesondere mekkanische Suren, also solche, die zwischen den Jahren 610 und 622 vor der Auswanderung der Muslim:innen von Mekka nach Medina herabgesandt worden sind, beinhalten allgemeine Aussagen und Anweisungen zum moralischen Handeln. Konkrete Handlungsanweisungen erfolgen eher in medinensischen Suren, also von 622 bis 632.

Die Mehrheit der Gelehrten berücksichtigt diese Unterscheidung, sieht die Historizität der Aussagen aber nicht als ein hermeneutisches

Mittel. Obwohl die Aussagen sich auf ganz konkrete Situationen beziehen, wird ihnen eine allgemeine Gültigkeit über alle Zeiten hinweg zugeschrieben. Nur wenige – wie der malikitisch-andalusische Gelehrte Ibrāhīm ibn Mūsā aš-Šāṭibī (gest. 790/1388) – versuchen hier einen anderen Weg zu gehen. Er ist der Meinung, dass die medinensischen Suren die konkrete Umsetzung der mekkanischen Grundsätze sind. Aktuelle Forschungen versuchen hierin ein dynamisches Rechtsverständnis zu sehen, was aš-Šāṭibī selbst allerdings so nicht sagt: Wenn medinensische Suren die konkrete Umsetzung mekkanischer allgemeiner Prinzipien sind, kann heute mit Rücksicht auf die mekkanischen Suren und am Beispiel der medinensischen der Koran neu ausgelegt werden. Damit wäre es nicht mehr wichtig, dass der Wortlaut des Korans umgesetzt wird. Vielmehr können neue Lösungen vorgeschlagen werden, die den Prinzipien im Koran entsprechen; die medinensische Umsetzung mekkanischer Prinzipien wäre somit überholt. Untermauert wird diese Auffassung vor allem auch damit, dass der Koran selbst auf altarabischer Tradition fußt, was zeige, dass die in ihm enthaltenen Prinzipien auch nur zeitbedingte Vorschriften sind, die aktualisiert werden müssten. Weder aš-Šāṭibī noch der Rest der vormodernen Gelehrten gehen aber so weit – wir werden unter der Überschrift zu den Zielen der Scharia (Kapitel 4.6) noch weitere Zugänge sehen.

Vormoderne Gelehrte setzen den Koranwortlaut in der Regel absolut. Viele rechtsrelevante Koranpassagen wurden zu spezifischen Anlässen (*ḫuṣūṣ as-sabab*) zwar herabgesandt, werden aber oft ignoriert. Der Koran wird also zum größten Teil unabhängig von den historischen Begebenheiten zu seiner Zeit gelesen. Es gibt zudem Fälle, die die Gelehrten auf ganz konkrete historische Ereignisse reduzieren, wie z. B. Q 4:88.

Die Kenntnis der Chronologie koranischer Aussagen ist nicht nur aus diesem (hermeneutischen) Gesichtspunkt heraus wichtig. Sie dient auch der Ermittlung, ob eine spätere Koranaussage eine frühere einschränkt oder gar abrogiert, also aufhebt. Diese Möglichkeit wird belegt mit Q 2:106. Die Abrogation (*nasḫ*) hat unterschiedliche Arten und Typen.[8] Grundsätzlich gehen die Gelehrten davon aus, dass ein späterer, rechtsrelevanter Vers einen früheren, der zum selben Fall herabgesandt wurde, abrogieren kann, sei es vom Wortlaut her oder durch die Abrogation der dort verkündeten Regel – in diesem Falle ist der Vers zwar noch im Koran zu lesen, hat aber keine normative Kraft mehr.

Insgesamt gehen die Gelehrten davon aus, dass der Koran bestimmte Grundsätze befolgt, wenn er zu einer Handlung aufruft. So etwa schlage der Koran vor, stets das Einfache gegenüber der schwer zu befolgenden Lösung vorzuziehen (vgl. Q 2:185). Auch erkläre der Koran eine endgültige Forderung nur schrittweise (*tadrīǧan*): Das Verbot, Wein zu konsumieren, wird schrittweise erst beklagt (vgl. Q 2:219), dann der Konsum vor dem Gebet bzw. die Verrichtung des Gebets im Rauschzustand untersagt (vgl. Q 4:43) und zuletzt der Konsum vollständig verboten (vgl. Q 5:90–91). Ferner wird als Oberprinzip für das islamische Recht hergleitet, dass der Koran stets gebiete, das Nützliche herbeizuführen und das Schädliche abzuwenden (*ǧalb al-manāfiʿ wa-dafʿ al-mafāsid*).

1.2 Die Sunna

Die zweite unumstrittene Quelle ist die Sunna. ›Sunna‹ bedeutet wörtlich ›Weg‹ und ›Gewohnheit‹. Sie ist kein Konzept, das die muslimische Tradition selbst erfunden hat, sondern geht auf vorislamische Zeiten zurück und beschreibt schlechte und gute Gewohnheiten. Um sie voneinander unterscheiden zu können, hat man sie mit Adjektiven wie ›schlecht‹ und ›schön‹ konkretisiert, was auch im Koran vorkommt (vgl. Q 4:26, 35:43). Selbst der Prophet habe gesagt, dass derjenige, der ein gutes Verhalten initiiere, dafür einen Lohn und den Lohn all derer erhalte, die sich dementsprechend verhalten; wer aber

8 Auf diese bin ich in Band IV, Kapitel 4.2 eingegangen.

ein schlechtes Verhalten initiiere, trage die Bürde dafür und die Bürde all derer, die sich dementsprechend verhalten.[9]

Der Begriff ›Sunna‹ stand daher zunächst nicht nur für die Gewohnheit des Propheten. Muslimische Gelehrte nehmen aber an, dass bereits der Prophet ›Sunna‹ im engeren Sinne als seine eigene Gewohnheit benutzt habe. Dazu gehört seine überlieferte Aussage, dass nicht zu ihm, also zu den Muslim:innen gehöre, wer sich von seiner Sunna abwende.[10] Andererseits verwende er ›Sunna‹ auch für die Gewohnheit der ihm nachfolgenden Kalifen[11] – die Echtheit dieser Überlieferung sei hier nicht bewertet, sie zeigt aber, dass ›Sunna‹ in den frühen islamischen Jahrhunderten nicht nur die prophetische Praxis wiedergab. Bis in das 3./9. Jahrhundert hinein stand daher ›Sunna‹ noch für die Gewohnheit und Handlungsweise der Muslim:innen und der vorislamischen Praxis, die sog. *sunan māḍiya* (althergebrachte Gewohnheit). Noch im selben Jahrhundert konnte sich die spezifischere Bedeutung von ›Sunna‹ aber als Begriff für die Gewohnheit des Propheten durchsetzen. Unter ›Sunna‹ wurden fortan alle Aussagen, Handlungen und stillschweigende Billigung des Propheten verstanden. Damit soll nicht gesagt sein, dass erst im 3./9. Jahrhundert ›Sunna‹ als ›Tradition des Propheten‹ bekannt wurde. Diese Bedeutung kursierte bereits im 1./7. Jahrhundert in Gelehrtenkreisen. Sie wurde aber erst im besagten Jahrhundert systematisiert und konnte sich gegenüber der allgemeineren Bedeutung durchsetzen. In der schiitischen Tradition wird der Bedeutungsumfang von ›Sunna‹ um die Aussagen und Handlungen der Imame erweitert. Alles, was von ihnen korrekt berichtet wird, ist damit auch Sunna.

Legitimiert wird die Beweiskraft (*ḥuǧǧīya*) der Sunna durch Koranverse, durch die Sunna selbst, den Gelehrtenkonsens (Idschma) und durch rationale Argumente. Im Koran allerdings ist ein Begriff wie *sunnat an-nabī* (Sunna des Propheten) nicht zu finden. Die Gelehrten

9 Muslim, *Ṣaḥīḥ, Kitāb al-masāǧid wa-mawāḍiʿ aṣ-ṣalāt, Bāb Ṣalāt al-ǧamāʿa min Sunan al-hudā*, Hadith Nr. 257 (654).

10 Al-Buḫārī, *Ṣaḥīḥ, Kitāb an-Nikāḥ, Bāb at-tarġīb fī n-nikāḥ*, Hadith Nr. 5063.

11 Abū Dāwūd, *Sunan, Kitāb as-Sunna, Bāb fī luzūm as-Sunna*, Hadith Nr. 4607.

deuten aber einige Verse so, dass mit ihnen der Sunna Beweiskraft zugesprochen wird. Dazu gehören Verse, die den Propheten als Vorbild darstellen (vgl. Q 60:4), ihm gegenüber zum Gehorsam aufrufen (vgl. Q 3:31, 4:80 und 5:92) und beschreiben, dass ihm neben dem Koran auch die Weisheit gegeben wurde (vgl. Q 2:129). Ferner soll man dem Propheten Fälle vorlegen, damit er sie löst (vgl. Q 4:65, 83 und 33:36). Außerdem zeige Q 59:7 explizit, dass man das, was der Prophet befiehlt, befolgen solle und unterlassen, was er verbietet.

Aus der Sunna wird die Sunna ebenfalls belegt – dass hier ein Zirkelschluss vorliegt, stört die wenigsten. Ein Beispiel habe ich oben schon genannt (»Wer sich von meiner Sunna abwendet, gehört nicht zu mir«). Oft wird auch zitiert, dass der Prophet in seiner Abschiedspredigt gesagt habe, dass er zwei Dinge zurücklasse: den Koran und seine Sunna. Schiiten dagegen überliefern, dass er den Koran und seine Familie für die Menschen zurückgelassen habe. Damit implizieren sie, dass die legitime Nachfolge des Propheten aus seinem Hause stammen muss und die Autorität der Imame damit legitimiert wird.

Ein weiteres Argument für die Beweiskraft der Sunna ist der Konsens der Prophetengefährten. Keiner von ihnen habe die Sunna verworfen, die sich als authentisch erwiesen hat. Ferner führen die Gelehrten an, dass der Koran, wie wir oben gesehen haben, erklärungsbedürftig sei. Der Prophet habe daher die Aufgabe, ihn zu erklären.

Wieso bemühen sich die Gelehrten, die Beweiskraft der Sunna zu untermauern, wenn sie doch eine unumstrittene Quelle ist? Es wird in den Quellen berichtet, dass es einige Gruppen gab (wie etwa die Rawāfiḍ – darunter werden schiitische Gruppierungen verstanden, die nicht selten von großen schiitischen Gruppen kritisiert werden – oder die Ḫāriǧiten), die die Beweiskraft der Sunna entweder partiell oder gänzlich verwarfen. Nicht selten rekurrieren sie dabei darauf, dass der Koran ja ausreichend dafür sei, gottgefällig zu leben. Die Sunna dagegen sei eine unsichere Quelle – den Grund für diesen Einwand werden wir weiter unten sehen. Im 19. und 20. Jahrhundert wurde dieses Argument von sogenannten Qurʾānīyūn, den ›Korangetreuen‹ bzw. den ›Koranisten‹, wieder aufgenommen. Diese Bewegung entstand in Indien und forderte dazu auf, sich nur auf den Koran zu beziehen. Sie wurde von der Mehrheit der Gelehrten jedoch stark kritisiert.

Hat man die Beweiskraft der Sunna etabliert, stellt sich die Frage nach ihrem Wesen. Nicht selten wird die Sunna offenbarungsähnlich kategorisiert. Sie ist demnach wie der Koran göttlich eingegeben. Im Gegensatz zum Koran handelt es sich aber nicht um die Worte Gottes, sondern die Aussagen des Propheten selbst. Daher unterscheidet man den Koran von den Aussagen des Propheten mit der Eigenschaft, dass der Koran unnachahmlich ist (*iʿǧāz al-Qurʾān*, ›Unnachahmlichkeit des Korans‹). Der Mensch ist also nicht in der Lage, etwas dem Koran Ähnliches hervorzubringen, weder stilistisch noch inhaltlich. Wie genau man sich die Unnachahmlichkeit denken muss, ist in der systematischen Theologie (*kalām*) höchst umstritten und kann hier nicht näher ausgeführt werden. Da sich die Sunna vom Koran wesentlich unterscheidet, auch wenn man sie für eine Art Offenbarung halten sollte, wird sie im Gegensatz zum Koran im Gebet nicht rezitiert; sie ist eine ›nicht rezitierte Offenbarung‹ (*waḥy ġayr al-matluww*). Dieses weitverbreitete Verständnis wurde sowohl von den Gelehrten der Vormoderne als auch von zeitgenössischen Autoren stark kritisiert. Schaut man auf die Entwicklung des Sunna-Begriffs, wie ich sie oben kurz zusammengefasst habe, und wie man mit der Sunna umgegangen ist (dazu im Folgenden mehr), so kann nicht ohne weiteres behauptet werden, dass die Sunna eine Art Offenbarung sei.

Die drei Elemente Aussagen (*sunna qawlīya*), Handlungen (*sunna fiʿlīya*) und stillschweigende Billigung (*sunna taqrīrīya*) des Propheten, die die Sunna ausmachen, wurden in mündlicher wie schriftlicher Form tradiert. Diese Berichte werden ›Hadith‹ (arab. *ḥadīṯ*, Pl. *aḥādīṯ*) genannt. Anhand dieser Berichte können wir hauptsächlich rekonstruieren, was die Sunna ist. Zu beachten gilt, dass nicht jede Sunna als Hadith vorliegt oder überliefert wurde. U. a. die Malikiten bestehen daher darauf, die Praxis der Medinenser (*ʿamal ahl al-Madīna*) zu berücksichtigen: Der Prophet habe zuletzt unter ihnen gelebt, und sie hätten daher seine Tradition fortgeführt. Wenn es keinen Hadith gibt und wir zu einer Frage die Praxis der Medinenser kennen, wird sie als Sunna betrachtet. Ebenso ist ein Hadith hinfällig, wenn die Praxis der Medinenser ihm widerspricht, da sie wie eine *mutawātir*-Sunna, also als vielfach bezeugt betrachtet wird. Ferner kann bei Kollisionen von einfach bezeugten Überlieferungen (sog. ›Einzeltraditionen‹) die

Praxis der Medinenser entscheidend dafür sein, für welche der beiden man sich entscheiden darf.

Schauen wir uns nun an, wie ein Hadith aufgebaut ist. Hadithe bestehen aus zwei Elementen: Dem Text (*matn*) und der Überlieferungskette (*sanad, isnād*).

Textbeispiel 1: Hadith

Rn. 1 *sanad*	Es berichtete mir Salama ibn Šabīb [gest. 247/861]: Es berichtete uns al-Ḥasan ibn Aʿyan [gest. 220/835]: Es berichtete uns Maʿqil [ibn ʿUbaydallāh, gest. 166/782–783] auf Autorität von Abū z-Zubayr [gest. 125 bzw. 128/742–743 bzw. 745–746], dass er sagte:	حدثني سلمة بن شبيب: حدثنا الحسن بن أعين: حدثنا معقل عن أبي الزبير قال:
Rn. 2 *matn*	»Ich fragte Ǧābir [ibn ʿAbdallāh gest. 78/697] über die Bepreisung des Hundes und der Katze. Er sagte: Der Prophet hielt mich davon ab.«	سألت جابراً عن ثمن الكلب والسنور؟ قال: زجر النبي صلعم عن ذلك.

Textbeispiel 1: Muslim, *Musāqāt, Bāb* 9, Hadith Nr. 42 (1569)[12]

Die Überliefererkette gibt Aufschluss darüber, inwiefern die vom Propheten überlieferte Nachricht auf ihn zurückführbar ist. Sowohl die Quantität als auch die Qualität der Kette dient der näheren Kategorisierung von Hadithen. Liegt ein Hadith in solch einer Fülle von Überlieferungen vor, dass eine falsche Zuschreibung auf den Propheten ausgeschlossen ist, da sie von Generation zu Generation massenweise überliefert wurde, so bezeichnet man diese Überlieferung als *mutawātir*: Sie ist auf dem Wege des *tawātur* tradiert. Solche Hadithe sind definitiv

12 Übersetzung nach Kurnaz, *Tradition und Fortschreibung*, 177.

(*qaṭʿī*) auf den Propheten zurückführbar, also wie der Koran *qaṭʿī ṯ-ṯubūt.* Ein solcher Hadith darf nicht ignoriert werden.

Der *tawātur* teilt sich in zwei Arten auf: *tawātur lafẓī* (wörtlicher *tawātur*) und *tawātur maʿnawī* (sinngemäßer *tawātur*). Wird ein Hadith in seinem Wortlaut massenhaft überliefert, gilt dies als *tawātur lafẓī.* Werden aber unzählige Hadithe mit abweichendem Wortlaut gleichen Inhalts überliefert, entsteht *tawātur maʿnawī.* Die meisten Beispiele für *mutawātir*-Überlieferungen sind der letzten Art. Es gibt nur wenige Hadithe, die auf dem Wege des *tawātur lafẓī* tradiert worden sind. Insgesamt sind die wenigsten Hadithe *mutawātir.*

Die meisten sind als Einzeltraditionen (*āḥād, ḫabar al-wāḥid*), also nicht auf dem Wege des *tawātur* tradiert. Sie sind nur präsumtiv (*ẓannī*), also wahrscheinlich auf den Propheten zurückführbar und daher *ẓannī aṯ-ṯubūt.* Wie hoch diese Wahrscheinlichkeit ist, ergibt sich aus der Analyse der Überliefererketten. Es wird überprüft, auf welchem Wege ein Hadith von Tradent (*rāwī*) zu Tradent übertragen worden ist (sog. *taḥammul al-ʿilm*). Hat der Hadithgelehrte den Hadith seinen Schülern auswendig vorgetragen, von einer Vorlage abgelesen, oder von einem seiner Schüler allen anderen vortragen lassen? All diese Formen werden im Idealfall terminologisch voneinander unterschieden. So verweist das Wort *ḥaddaṯanā* oben im Textbeispiel auf einen direkten Kontakt des Schülers zu seinem Lehrer, der vor vielen Schülern den Hadith vorgetragen hat. Dass die Hadithwissenschaftler die verschiedenen Tradierungsformen nicht immer sauber voneinander getrennt haben, ist bereits erwiesen.

Ferner wird in den Ketten überprüft, ob und wie vertrauenswürdig die Tradenten sind, ob sie den Hadith adäquat aufgenommen und tradiert haben und ob es Lücken zwischen den einzelnen Gliedern der Kette gibt. Dies alles kann aber wieder nur mittels Informationen in biographischen Werken, die wiederum Berichte über das Leben der Tradenten überliefern, entnommen werden. Zudem sind weder die verschiedenen Stufen der Vertrauenswürdigkeit unter den Gelehrten einheitlich noch die Terminologie. Die Ermittlung der Authentizität eines Hadith ist daher stark subjektiv.

Zusammenfassen lässt sich die Authentizitätsprüfung wie folgt: Wenn die Tradenten vertrauenswürdige und rechtschaffene Personen sind, die den Hadith korrekt aufnehmen und weitergeben und wenn die Kette ununterbrochen bis zum Propheten führt, dann wird die Kette als ›gesund‹ (*ṣaḥīḥ*) bezeichnet. Der Hadith stammt mit hoher Wahrscheinlichkeit vom Propheten. ›Gut‹ (*ḥasan*) sind Hadithe dann, wenn ein oder mehrere Tradenten nicht die höchste Stufe der Vertrauenswürdigkeit erfüllen. ›Schwach‹ (*ḍaʿīf*) ist ein Hadith, wenn die Tradenten selbst als schwach und nicht vertrauenswürdig gelten oder die Kette Brüche hat. Es ist bei ihnen nicht anzunehmen bzw. nur schwach belegt, dass der Hadith in dieser Form vom Propheten stammt. Das heißt nicht zugleich, dass solche Hadithe nicht in die Rechtsprechung und Herleitung von Normen einbezogen werden. Die Kette eines Hadith kann zwar schwach sein, der Inhalt kann aber korrekt sein, sodass ein Ausschluss nicht gerechtfertigt wäre.

Problematisch sind Fälle, in denen es Brüche in den Ketten gibt. Ist eine Kette unterbrochen, sprechen wir von einer ›gebrochenen‹ (*munqaṭiʿ*) Kette. Der Bruch kann an einer oder an mehreren Stellen auftreten. Je nach der Position der gebrochenen Stelle kann der Hadith unterschiedlich bewertet werden. Liegt der Bruch z. B. beim Prophetengefährten, also tradiert eine Person aus der Nachfolgergeneration (*tābiʿūn*) direkt vom Propheten, dann bezeichnet man diesen Hadith als *mursal*. Zur Nachfolgergeneration gehören alle Personen, die zwar den Propheten nicht getroffen haben, aber dafür seine Gefährten. *Mursal*-Hadithe sind umstritten. Viele Gelehrten akzeptieren sie; insbesondere Schafiiten verwerfen sie aber, da für sie hier ein gewöhnlicher Bruch vorliegt, denn jeder Bruch schwächt den Hadith ab. Die Schafiiten akzeptieren dagegen solche *mursal*-Hadithe, die von starken Tradenten wie Saʿīd ibn al-Musayyib (gest. 94/713) stammen. Es liegt eine Bereitschaft unter den Gelehrten vor, *mursal*-Hadithe zu akzeptieren, da den ersten drei Generationen gegenüber den späteren laut einer Aussage des Propheten eine größere Vertrauenswürdigkeit zugesprochen wird. Verwirft man den Hadith, so ist er *matrūk* (verworfen).

Neben einem Bruch in der Kette führt auch eine Hinzufügung in die Kette sowie in den Text zur Schwächung des Hadith: Wird jemand in die Kette eingefügt oder dem Text eine Erklärung oder Ergänzung hinzugefügt, sprechen wir von ›Hinzufügung‹ (*idrāǧ*). Solche Hadithe sind *mudraǧ*.

Generell werden kürzere (sog. *ʿālī*) Ketten längeren (sog. *nāzil*) vorgezogen, da sie weniger anfällig für Fehler sind. Auch die Menge der Einzeltraditionen spielt eine wichtige Rolle dabei, zu entscheiden, ob ein Hadith als Beweis für die Korrektheit einer Meinung akzeptiert wird. Eine tatsächlich einfach tradierte Einzeltradition (ein Hadith also, der *ġarīb* ist) ist schwächer als solche, die mehrfach tradiert wurden und daher z. B. *ʿazīz* oder *mustafīḍ* genannt werden. Aus diesem Grund haben die Hanafiten noch eine weitere Kategorie eingeführt, die fast so stark wie *mutawātir* ist: die bekannten (*mašhūr*) Hadithe. Wenn ein Hadith in der ersten Generation nicht die Stufe des *tawātur* erreicht, dafür aber ab der zweiten, dann ist er *mašhūr*. Dieser Hadith wird wie der *mutawātir* in die Rechtsprechung und die Normderivation einbezogen. Er wird erkenntnistheoretisch nicht als definitiv (*qaṭʿī*) eingestuft, aber ähnelt den definitiven dadurch, dass er ein starkes Vertrauen (*ṭumaʾnīna*) ausdrückt und stärker als die überwiegende Vermutung (*ġalabat aẓ-ẓann*) ist. Einzeltraditionen dagegen müssen, wie oben beschrieben, erst der Authentizitätsüberprüfung standhalten. Diese hört aber nicht mit der Überprüfung der Kette auf. Die Rechtsschulen haben eigene Bedingungen, um Einzeltraditionen in die Normderivation einzubeziehen. Hier seien einige genannt:

Ich habe bereits oben die Übereinstimmung mit der Praxis der Medinenser genannt, die die Malikiten bedingen. Hanafiten fordern, dass die Überlieferer entsprechend der überlieferten Handlungsanweisung handeln. Wird von ihnen Abwegiges berichtet, wird der Hadith verworfen. So wird auch gesagt, dass diejenigen Einzeltraditionen von ihnen bevorzugt werden, deren Tradenten zugleich als Rechtsgelehrte bekannt sind. Ferner darf eine Einzeltradition nicht etwas darstellen, das inhaltlich eigentlich bekannt sein müsste. Das Kriterium nennen sie *ʿumūm al-balwā*. So akzeptieren Hanafiten etwa Überlieferungen nicht, die darstellen, dass der Prophet während des Gebets seine Hände gehoben hätte, nachdem man sich nach der Beugung (*rukūʿ*) aufrichtet. Hätte er dies wirklich und verbindlich getan, hätten alle Muslim:innen es wissen müssen, da dies eine Handlung ist, die von allen Muslim:innen jeden Tag vollzogen wird. Die Überlieferung hätte daher zumindest bekannt (*mašhūr*) sein müssen. Schafiiten dagegen gehen eher hadithwissenschaftlich vor; ist die Kette intakt und widerspricht der Inhalt bekannten Hadithen nicht, wird der Hadith berücksichtigt. Ähnlich ist es bei den Hanbaliten. Je nach der Herangehensweise der einzelnen Rechtsschulen variiert damit das Korpus der anerkannten Hadithe. Das wiederum führt zu unterschiedlichen Meinungen in gleichen Rechtsfällen.

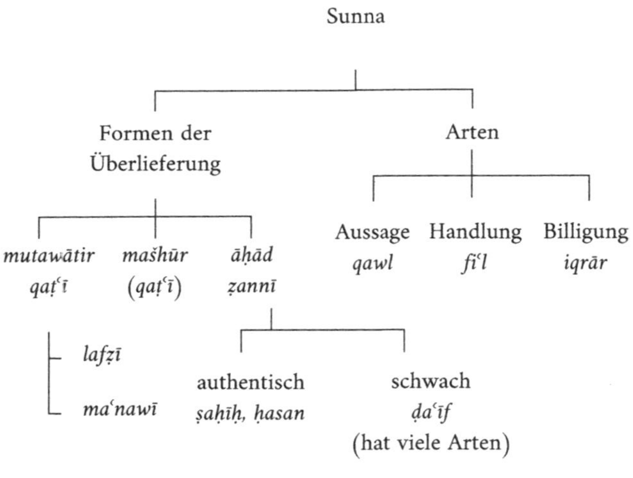

Schema 1: Sunna

Es ist relativ sicher, dass Hadithe zunächst mehrheitlich mündlich tradiert wurden, womit schriftliche Notizen nicht ausgeschlossen sind. Dieser frühen unsystematischen Aufzeichnung (*kitābat al-ḥadīṯ* genannt) folgte im letzten Viertel des 1./7. und im 2./8. Jahrhundert unter der Federführung von Ibn Šihāb az-Zuhrī (gest. 124/742) die systematische Kodifikation (*tadwīn*). Etwas zeitversetzt begann die Phase der Klassifikation (*taṣnīf*): Hadithe wurden entweder nach dem ersten Gewährsmann (also *ʿalā r-riǧāl*) in der Kette oder nach Themen bzw. Kapiteln (also *ʿalā l-abwāb*) kategorisiert. Erstere sind *musnad-*

Werke, letztere *muṣannaf*. Beide Arten beinhalteten zunächst Hadithe, die nicht nur auf den Propheten zurückgingen (also *marfūʿ* waren), sondern auch solche, die nur bis zu Prophetengefährten führten (also *mawqūf* waren) oder auf eine Person aus der Nachfolgergeneration zurückgeführt werden konnten (also *maqṭūʿ* waren).

Mit der zweiten Hälfte des 2./8. Jahrhunderts und insbesondere im 3./9. Jahrhundert trugen Hadithwissenschaftler nur solche Hadithe zusammen, die bis zum Propheten führten; zumindest waren sie bestrebt, nur diese in ihre Werke aufzunehmen. Typische Formen solcher Werke sind *ǧāmiʿ*-Werke, die auf bestimmte Themen beschränkt sind (Glaube, Recht, Erziehung der Seele, Speisegebote, Koranexegese, Geschichte, Prophetenbiographisches, endzeitliche Überlieferungen, vorzügliche Eigenschaften der Prophetengefährten). Hadithwerke, die dasselbe beanspruchen, aber hauptsächlich rechtsrelevantes Material beinhalten, werden *sunan* genannt. Genau in diese Zeit fällt die Entstehung der kanonischen Hadithwerke der Sunniten. Diese sind:

1) Muḥammad ibn Ismāʿīl al-Buḫārī (gest. 256/870), *al-Ǧāmiʿ aṣ-ṣaḥīḥ* [auch bekannt als *Ṣaḥīḥ al-Buḫārī*],
2) Muslim ibn al-Ḥaǧǧāǧ (gest. 261/875), *al-Ǧāmiʿ aṣ-ṣaḥīḥ* [*Ṣaḥīḥ Muslim*],
3) Abū ʿĪsā Muḥammad ibn Mūsā at-Tirmiḏī (gest. 279/892), *al-Ǧāmiʿ aṣ-ṣaḥīḥ* [*Ṣaḥīḥ/Sunan at-Tirmiḏī*],
4) Abū Dāwūd Sulaymān ibn al-Ašʿaṯ as-Siǧistānī (gest. 275/889), *Sunan* [*Sunan Abī Dāwūd*],
5) Abū ʿAbdallāh ibn Māǧa (gest. 273/887), *Sunan* [*Sunan Ibn Māǧa*],
6) Abū ʿAbd ar-Raḥmān Aḥmad ibn Šuʿayb an-Nasāʾī (gest. 303/915), *Sunan* [*Sunan an-Nasāʾī*].

Diese sechs Bücher, die sog. *al-kutub as-sitta*, haben einen langen Kanonisierungsprozess durchlaufen und waren nicht von Anfang an autoritativ. Sie sind untereinander hierarchisch geordnet: So genießen die Hadithe in al-Buḫārīs und Muslims Werk größere Autorität als die restlichen. Unter den *Sunan*-Werken ist etwa Abū Dāwūds Werk das stärkste. Nichtsdestotrotz gab es weitere Werke, die ebenfalls große

Autorität besaßen, wie etwa das *al-Muwaṭṭaʾ* von Mālik ibn Anas (gest. 179/795) für die Malikiten.

Im Gegensatz zu den Sunniten haben die Schiiten ihre eigenen kanonischen Hadithwerke, die *Vier Bücher* (*al-kutub al-arbaʿa*), die etwas später als die bisher genannten entstanden sind. Diese sind

1) Abū Ǧaʿfar Muḥammad ibn Yaʿqūb al-Kulaynī (gest. 329/941), *al-Kāfī fī ʿilm ad-dīn*,
2) Ibn Bābawayh al-Qummī (Šayḫ Ṣadūq, gest. 381/991), *Man lā yaḥḍuruhu l-faqīh*,
3) Abū Ǧaʿfar Muḥammad ibn al-Ḥasan aṭ-Ṭūsī (Šayḫ aṭ-Ṭāʾifa, gest. 460/1067), *Tahḏīb al-aḥkām* und
4) aṭ-Ṭūsī, *al-Istibṣār fī mā ḫtulifa fīhi min al-aḫbār*.

Damit steht fest, dass die Hadithwerke im Gegensatz zum Koran immer eine Auswahl eines Gelehrten sind. Es gibt kein festes Hadithkorpus, weder für die Sunniten noch für die Schiiten, geschweige denn für Muslim:innen insgesamt. Es haben sich aber je nach Rechtsschule Hadithe durchgesetzt, die die ihr zugehörigen Gelehrten für ihre eigene Argumentation berücksichtigen. Diese Hadithe gehören damit zum Standardkorpus der jeweiligen Rechtsschule, oft auch ungeachtet dessen, ob der Hadith in den kanonischen Werken vorkommt oder nicht.

Die muslimische Gelehrsamkeit nimmt an, dass die Hadithe – sofern ihre Authentizität erwiesen ist – tatsächlich auf den Propheten zurückgehen oder auf den letzten Tradenten, der über etwas berichtet, was er gesehen oder gehört hat. Nach den Schiiten zählen dazu auch die Imame. Die Historizität wird den Hadithen nicht abgesprochen, dass aber viele Hadithe erfunden wurden, wissen die Gelehrten. Dies soll auch einer der Gründe gewesen sein, weshalb man die Authentizität der Hadithe zu prüfen begann.

In der orientalistisch-islamwissenschaftlichen Forschung dagegen wurde und wird teilweise immer noch in Anlehnung an Ignaz Goldziher (gest. 1921), Joseph Schacht (gest. 1969) und G. H. A. Juynboll (gest. 2010) die Auffassung vertreten, dass Hadithe erst im 2./8. und 3./9. Jahrhundert entstanden sind. Man habe Hadithe ›erfunden‹, um die Lösungen, die man selbst fand, auf den Propheten zurückführen zu können. Das sollte ihnen Autorität verleihen. Gründe dafür findet Goldziher im Inhalt der Hadithe. Schacht und Juynboll dagegen analysieren die Überliefererketten und kommen zu dem Ergebnis, dass Hadithe, die zu einem Sachverhalt mit unterschiedlichen Ketten überliefert werden, einen gemeinsamen Sammelpunkt (*common link*) haben, der für die Erfindung und Verbreitung des Hadith verantwortlich ist. Dies sind meist Personen, die im 2./8. Jahrhundert lebten. Ihr Sterbedatum ist somit ein *terminus post quem*, also der Zeitpunkt, von dem an etwas beginnt. Das Argument ist, dass wenn es dem nicht so wäre, so hätten die Ketten sich bereits im ersten Kettenglied verzweigen müssen, so das Argument. Islamwissenschaftler wie Fuat Sezgin (gest. 2018) argumentieren dagegen und sagen, dass am Ende des 1./7. und am Anfang des 2./8. Jahrhundert Hadithe, wie oben dargestellt, überwiegend mündlich im Umlauf waren. Sie wurden erst danach systematisch kodifiziert und klassifiziert. Die Verschriftlichung zeige nicht die Entstehung der Hadithe bzw. verweise auf ihre Entstehung zu dem Zeitpunkt der Kodifizierung, sondern belege ihre systematische Aufarbeitung. Daher ist es nicht möglich eine frühere Verzweigung zu finden. Analysiere man – wie etwa Harald Motzki (gest. 2019), Gregor Schoeler und Andreas Görke – sowohl den Text als auch die Ketten der Hadithvarianten zu einem Thema (das ist die sog. *isnād-cum-matn*-Analyse), könne man die Hadithe durchaus früher datieren. Das bedeutet etwa für Motzki aber nicht, dass die entsprechenden Hadithe authentisch sein müssen. Es heißt lediglich, dass sie früher entstanden sind als bisher angenommen. Der *common link* ist damit derjenige, der den Hadith systematisch verbreitet hat, aber nicht zwangsläufig der Urheber. Für die muslimische Gelehrsamkeit ist diese Wahrscheinlichkeit auch heute ausreichend dafür, anzunehmen, dass der betreffende Hadith auf den Propheten zurückführbar ist, sofern es sich um Einzeltraditionen handelt. Eine definitive Datierung ist nicht notwendig, da man ohnehin nur von Wahrscheinlichkeiten ausgeht.[13]

Auch wenn man sicherstellt, dass ein Hadith vom Propheten stammt und man darin die Sunna erkennt, heißt dies wiederum nicht zwangsläufig, dass der Hadith klar ist. Hadithe müssen wie der Koran ausgelegt werden. Sie müssen mit dem Koran z. B. in eine Spezifikations- und Konkretisierungsbeziehung gesetzt werden, können aber auch eigenständig Normen begründen, wie etwa, dass es Männern verboten ist, Gold und Seide zu tragen, oder dass Muslim:innen nicht erlaubt ist, Eselsfleisch zu verzehren. Entsprechend unterschiedlich fällt die Auslegung von Hadithen aus. Weiter unten werden wir in den Textbeispielen zum *qiyās* (siehe Kapitel 2.2) Beispiele dazu sehen.

Die Sunna kann also auf den Koran bezogen werden – ob sie aber den Koran abrogieren kann, ist umstritten. Ebenfalls umstritten ist es, ob der Koran sie abrogieren kann. Dass die Sunna sich selbst abrogieren kann, akzeptiert die Mehrheit der Gelehrten.[14]

Damit wird deutlich, dass Hadithe – auch wenn nachgewiesen werden kann, dass sie auf den Propheten zurückgehen – in ihrer Bedeutung nicht unbedingt klar und eindeutig sind. Viele Bedeutungen, die man aus ihnen herleitet, sind nur wahrscheinliche (*ẓannī*) Bedeutungen. Also ist die Sunna wie der Koran zum Teil *qaṭʿī ad-dalāla* und zum Teil *ẓannī ad-dalāla*.

Ferner ist nicht jeder als authentisch erwiesene Hadith verbindlich. Viele drücken nur eine Empfehlung aus oder sind lediglich auf den Propheten beschränkt. Diese Spezialregelungen für den Propheten werden *ḫaṣāʾiṣ nabawīya* genannt. Unverbindlich sind auch seine persönlichen, natürlich-menschlichen Handlungen (*afʿāl ǧibillīya*). Umstritten sind Hadithe, die inhaltlich in einen der Bereiche des Rechts fallen. Viele Gelehrte verstehen solche Hadithe als Gesetzgebung (*taš-*

13 Für eine kritische Auseinandersetzung mit diesen Datierungsmethoden, siehe Motzki, »Dating Muslim Traditions«; Hallaq, »The Authenticity of Prophetic Ḥadîth«.

14 Für die unterschiedlichen Abrogationskonstellationen, siehe Band IV, Kapitel 4.2.

rīʿ) und damit als vollumfänglich verbindlich. Andere, wie der ägyptisch-malikitische Gelehrte Šihāb ad-Dīn al-Qarāfī (gest. 684/1285), treffen eine Unterscheidung. Er unterscheidet Verkündigung (*tablīġ*), Rechtsgutachten (*fatwā*), richterliches Urteil (*qaḍā'*) und Staatsführung (*imāma*). Insbesondere die letzten beiden Kategorien sind örtlich und zeitlich gebunden und nicht vom Wortlaut her verbindlich, sondern nur ihrem Sinn nach. Demnach können solche Praktiken des Propheten aktualisiert werden. Der tunesisch-malikitische Gelehrte aṭ-Ṭāhir ibn ʿĀšūr (gest. 1973) erweitert die Kategorien insgesamt auf 12 – darunter z. B. Rechtleitung (*hidāya*), Ratschlag (*naṣīḥa*) und Beratung – und unterscheidet noch feiner die Sunna ihrer Verbindlichkeit nach.

Diese Kategorisierungen sind eine Reaktion darauf, dass viele überlieferten Praktiken in der Sunna und auch die Aussagen des Propheten auf ganz konkrete historische Ereignisse reagieren. Die generelle Tendenz insbesondere in der vormodernen Literatur ist aber die, dass dies ignoriert wird. Man liest und rezipiert also die Sunna als Text in Hadithberichten, der unabhängig der historischen Umstände der Entstehungszeit verstanden werden kann. Der Grund ist klar: Die Sunna wird, wie oben gezeigt wurde, als eine Art Offenbarung verstanden. Es gibt aber Ausnahmen: Umstritten ist z. B., ob eine konkrete Antwort des Propheten an eine Person für alle Muslim:innen ohne Weiteres verallgemeinert werden darf. Ferner betonen einige Gelehrte die Tatsache, dass der Prophet auch ein Kind seiner Zeit war und wir die Sunna in diesem Rahmen verstehen müssen; eine Haltung, die heute immer mehr Anhänger gewinnt.

Zeitgenössische Debatten sind von solchen Kategorisierungen beeinflusst, und man fragt noch intensiver nach der Verbindlichkeit der Sunna: Soll der Wortlaut der Sunna maßgeblich sein oder doch der Sinn? Einige Gruppen erachten den äußeren Wortlaut immer noch als maßgeblich. Darunter reduzieren salafitische Kreise (also solche Gruppen, die sich auf die Altvorderen berufen, die muslimische Rechtstradition überspringen und den Koran und Hadithe nach dem äußeren Wortlaut auslegen) das Hadithkorpus auf die nur nach der Maßgabe der klassischen Hadithwissenschaft authentischen Hadithe.

Andere fordern, dass Hadithe dem Koran untergeordnet werden sollen und ihm nicht widersprechen dürfen. Wiederum andere Gruppen konzentrieren sich auf den Sinn der Hadithe und versuchen die Sunna wiederzubeleben. Sie behaupten, dass die Sunna schon immer die Tradition der Muslim:innen repräsentierte, dann aber, wie wir oben gesehen haben, auf die Sunna des Propheten reduziert wurde. Wir müssten die Sunna wiederbeleben und mit Hilfe der Botschaft des Korans und der historischen Sunna neue Wege, also *sunan*, bahnen. Der pakistanische Philosoph und muslimische Denker Fazlur Rahman (gest. 1988) nennt dies *living tradition,*[15] der tatarische Gelehrte Musa Ǧār Allāh Bigiev (gest. 1949) *as-sunna al-waḍʿīya* (›die gesetzte Sunna‹).[16] Es gibt Bestrebungen, einer gänzlich neuen Methode zu folgen, mit der Sunna umzugehen, wie etwa vom syrischen Ingenieur Muḥammad Šaḥrūr (gest. 2019); dies hat aber kaum Anklang gefunden. Šaḥrūr unterteilt die Sunna in prophetische Sunna (*as-sunna an-nabawīya*) und die Sunna des Gesandten (wörtl. *as-sunna ar-rasūlīya*). Die Sunna des Gesandten sei unveränderbar und beziehe sich auf die gottesdienstlichen Handlungen bzw. Rituale (*šaʿāʾir*), ethische Normen (*qiyam*) und ›Grenzen‹ (*ḥudūd*). Diese Elemente sind für ihn Teil der Entsendung (*risāla*) des Propheten und dem Koran ebenbürtig. Unter ›Grenzen‹ versteht Šaḥrūr das, was zumindest getan werden muss und nicht überschritten werden dürfe. Somit distanziert er sich von der klassischen Auffassung der *ḥudūd* (›Grenzen‹) als Körperstrafen, die im Koran vorkommen. Die prophetische Sunna dagegen ist für Šaḥrūr wandelbar. Sie sei kontextuell bedingt und gehe auf die menschliche Bestrebung des Propheten zurück, Regelungen zu finden und Entscheidungen zu treffen. Sie sei insofern verbindlich, als sie dem Koran und der Sunna des Propheten als Gesandten nicht widerspricht. Diese Art der Sunna umfasse auch die biographischen Informationen über den Propheten.[17]

15 Rahman, *Islam and Modernity.*

16 Carullah, *İslam Şeriatının Esasları.*

17 El-Wereny, »›Ihr Gläubigen! Gehorchet Gott und dem Gesandten‹ (Sure 4/95)«.

Zusammenfassung

Sowohl der Koran als auch die Sunna sind auslegungsbedürftig. Sie beinhalten beide keine fertigen Normen. Sie werden aufeinander bezogen, geben sowohl konkretere als auch unbestimmte Anweisungen, die in ihrem Wortlaut klar oder auch unklar sein können. Die Sunna, die für die Herleitung von Normen maßgeblich ist, muss einer Authentizitätsprüfung unterzogen werden. Jede Rechtsschule stellt ihre eigenen Kriterien dafür auf. Der Mensch entscheidet somit, welche Hadithe als Sunna berücksichtigt werden sollen. Dies ist zwar für den Koran ausgeschlossen, da für die Gelehrten mit Sicherheit feststeht, dass der uns vorliegende Koran vom Propheten stammt und wir ein klares Textkorpus vorliegen haben. Dieses muss aber erst durch die Gelehrten ausgelegt werden. Dass der Koran und ein geringer Anteil der Sunna *qaṭʿī aṯ-ṯubūt* ist, führt nicht zwangsläufig dazu, dass Koran und Sunna klar sind und wir unproblematisch Normen aus ihnen herleiten können. Ferner sind beide Quellen unter bestimmten historischen Bedingungen entstanden und beziehen sich auf diese. Inwiefern man sie unabhängig davon rezipieren kann, war schon immer umstritten. Generell hat sich bis in das 20. Jahrhundert hinein die Haltung durchgesetzt, dass man sie unabhängig vom historischen Kontext ihrer Entstehungszeit liest. Mittlerweile ist die Kritik an dieser Herangehensweise groß und Minderheitsmeinungen, die auch in der Geschichte dazu aufgerufen haben, sie zu historisieren, gewinnen seit den letzten Jahrzehnten viele neue Anhänger.

Kapitel 2: Umstrittene Hauptquellen

2.1 Gelehrtenkonsens (Idschma, *iǧmāʿ*)

Einigen sich die Gelehrten eines Zeitalters nach dem Ableben des Propheten über einen religionsrechtlichen Sachverhalt, so sprechen wir vom Gelehrtenkonsens (*iǧmāʿ*, Idschma). Ein Konsens kommt eigentlich nur zustande, wenn die Gelehrten sich auf einen Idschtihad (*iǧtihād*) einigen. Also geht dem Idschma ein Idschtihad voraus. Da dieser Idschtihad von allen Gelehrten bestätigt wird, nimmt er meist einen definitiven (*qaṭʿī*) Charakter ein: Gibt es zu einem Sachverhalt einen Konsens, muss man sich danach richten. Dem Idschma kommt damit eine besondere Beweiskraft (*ḥuǧǧīya*) zu. Entsprechend umstritten ist seine Gültigkeit. Man spricht ihm zwar diese Beweiskraft zu, die Bedingungen für sein Zustandekommen sind aber streng.

Die Mehrheit der Sunniten nimmt an, dass Idschma zustande kommen kann und er eine starke Beweiskraft hat. Unter den Sunniten beschränken Gelehrte wie Aḥmad ibn Ḥanbal (gest. 241/855), Ibn Taymīya (gest. 728/1328) und Rechtsschulen wie die Zahiriten Idschma auf die Generation der Prophetengefährten. Schiiten negieren Idschma im sunnitischen Sinne. Sie beschränken ihn darauf, dass jeder Idschma mit der Meinung eines Imams übereinstimmen muss. Maßgeblich ist demnach eigentlich die Meinung des Imams und nicht der Idschma selbst. Die Mehrheit der Sunniten dagegen versteht die Entstehungsmöglichkeit des Idschma unbeschränkt für alle Zeiten. Dabei versucht man die Legitimität durch Rekurs auf Q 4:115, 3:103 und 110 sowie 2:143 zu begründen. Unter den bekanntesten Argumenten befindet sich ferner der Hadith »Meine Gemeinde wird sich in einem Irrtum niemals einigen […]«[18]. Viele sunnitische Gelehrte bemühen auch Beispiele aus der Zeit der Prophetengefährten, um die Möglichkeit eines Idschma nachzuweisen. Dagegen wird argumentiert, dass Idschma nach der Zeit der Prophetengefährten unmöglich sei. Man könne weder feststellen, ob sich alle Gelehrten zu einem Fall äußerten, noch wer alles überhaupt zur anerkennten Gruppe der Gelehrten (die sogenannten *muǧtahidūn*) gehöre. Feststellbar sei dies nur zu Lebzeiten der Prophetengefährten gewesen, weshalb Idschma danach ausgeschlossen sei. Dass diese Argumente nicht unberechtigt sind, können wir an den Bedingungen für den gültigen Idschma nach der sunnitischen Mehrheitsmeinung sehen.

Ein Idschma ist nur dann gültig, wenn die Gelehrten über einen rechtlichen Fall eine Meinung bilden. Diese Meinung müssen sie im Idealfall auch äußern oder dazu eine Rechtsnorm formuliert bzw. ein entsprechendes Urteil während eines Gerichtsprozesses gefällt haben. Dafür müssen sie sich nicht an einem Ort zusammentreffen. Trotzdem scheint es unmöglich zu sein, diese Bedingung zu erfüllen: Wie genau soll man feststellen, wie die Gelehrten zu einer bestimmten Frage stehen und ihre Aussage festhalten? Sollte ein Idschma dieser Art dennoch zustande kommen, handelt es sich um einen eindeutigen Idschma (*iǧmāʿ ṣarīḥ*). Ein stillschweigender Idschma (*iǧmāʿ sukūtī*) kommt zustande, wenn die Gelehrten Kenntnis vom besprochenen Fall und dessen Lösung haben, sich aber dazu nicht explizit äußern. Ihr Schweigen wird als Billigung gedeutet. Insbesondere Hanafiten und Hanbaliten lassen diese Art des Idschma zu.

Eine weitere Art ist der implizite Idschma (*iǧmāʿ ḍimnī*). Werden z. B. zwei Meinungen zu einem Fall geäußert, so entsteht ein impliziter Konsens darin, dass eine dritte Meinung, die einer der beiden widerspricht, nicht legitim ist. Umstritten ist daher, ob man sich auf eine Meinung in einem späteren Zeitalter einigen kann, obwohl bisher angenommen wurde, dass eine Einigung nicht möglich sei. Kann also der Konsens darüber, dass man sich nicht einig ist, aufgehoben werden,

18 Ibn Māǧa, *Sunan*, *Abwāb al-Fitan*, *Bāb* 8, Hadith Nr. 3950.

indem man sich später doch auf eine Lösung zu einigen vermag? Und ist dies auch nach zwei Jahrhunderten noch möglich? Ich möchte für beide Fälle ein Textbeispiel anführen. Beide bespricht der maghrebinisch-malikitische Gelehrte Abū ʿAlī Ḥusayn aš-Šūšāwī (gest. 899/1493–1494) aus dem Berberstamm der Rağrāğa in seinem Kommentar des *Tanqīḥ al-Fuṣūl* des ägyptisch-malikitischen Gelehrten Šihāb ad-Dīn al-Qarāfī. Der Titel seines Kommentars lautet *Rafʿ an-niqāb ʿan-Tanqīḥ aš-Šihāb*.

Textbeispiel 2: Idschma

	Fall 1	
Rn. 3	Die erste Rechtsfrage ist die nach der Möglichkeit, eine dritte Meinung zu bilden. Ein Beispiel dafür ist der Meinungsunterschied der Gelehrten über die Verpflichtung des Stehens beim [Besuch des Hügels] ʿArafat [während der Pilgerfahrt]; Mālik [ibn Anas, gest. 179/795] bedingt das Stehen während der Nacht, [Muḥammad ibn Idrīs] aš-Šāfiʿī [gest. 204/820] bedingt das Stehen tagsüber.	أما المسألة الأولى: وهي إحداث القول الثالث، فمثاله: اختلاف العلماء في الفرض من الوقوف بعرفة، قال مالك: هو الوقوف بالليل، وقال الشافعي: هو الوقوف بالنهار،
Rn. 4	Es ist [demnach] nicht zulässig für die, die nach ihnen leben, zu behaupten, »die Pflicht [zum Stehen] ist zugleich tagsüber und nachts«, denn dies gleicht der Herleitung einer dritten Meinung.	ولا يجوز لمن بعدهم أن يقول: الفرض هو اليل و النهار معاً، لأنه إحداث قول ثالث.
Rn. 5	Der Autor [al-Qarāfī] erwähnt drei Meinungen: [1.] Die absolute Untersagung (und das ist die Mehrheitsmeinung), [2.] die absolute Zulässigkeit, das ist die Meinung	فذكر المؤلف ثلاثة أقوال: المنع مطلقاً، [وهو قول الجمهور]، والجواز مطلقاً،

der Zahiriten, Mutaziliten und einiger Hanafiten.

وهو قول الظاهرية، والمعتزلة، وبعض الحنفية،

Rn. 6 Die unterscheidende dritte Meinung ist die des Imam Faḫr [ad-Dīn ar-Rāzī, gest. 606/1210], der darin unterscheidet, ob (die dritte Meinung) den ersten beiden gleichzeitig widerspricht oder nicht. Der Autor erwähnt dazu das Beispiel zur Erbberechtigung des Großvaters [des Erblassers] neben [dessen] Brüdern.

والقول الثالث بالتفصيل وهو مذهب الإمام الفخر بين أن يلزم [من القول الثالث] خلاف القولين معاً أم لا، مثل المؤلف ذلك بمسألة الجد مع الإخوة في الميراث،

Rn. 7 Man sagt: Das Vermögen geht vollständig an den Großvater. Man sagt [auch]: Man verteilt es unter dem Großvater und den Brüdern. Die dritte Meinung, dass nur die Brüder das Vermögen erben, widerspricht dem ursprünglichen Idschma, dass der Großvater vom Erbe nicht ausgeschlossen werden darf. Die Meinung, dass der Großvater ausgeschlossen wird, hebt das auf, worüber beide [Gruppen] sich einig sind, denn beide sind sich einig darüber, dass dem Großvater das Vermögen nicht verwehrt wird. So widerspricht die dritte Meinung dem ursprünglichen Idschma.

قيل: المال كله للجد، وقيل: يقسم بينه وبين الإخوة، والقول الثالث بأن المال كله للإخوة يناقض الإجماع الأول الذي هو عدم حرمان الجد من المال، فالقول بحرمان الجد يرفع ما اتفقا عليه، لأنهما اتفقا على أن الجد لا يحرم من المال، فالقول الثالث مخالف للإجماع الأول.

Fall 2

Rn. 8 Dies ist die vierte und fünfte Rechtsfrage. Die erste der beiden lautet: Ist eine Übereinkunft nach einem Dissens im selben Zeitalter zulässig (oder nicht)?

هذه مسألة رابعة وخامسة. إحداهما: هل يجوز الاتفاق بعد الاختلاف في العصر الواحد [أم لا]؟

Rn. 9	Die zweite lautet: Ist eine Übereinkunft nach einem Dissens in zwei [unterschiedlichen] Zeitaltern zulässig oder nicht?	والثانية: هل يجوز الاتفاق بعد الاختلاف في العصرين أم لا؟
Rn. 10	Der Autor erwähnt zur ersten Rechtsfrage zwei Meinungen. Die bekannte ist die Zulässigkeit, die abwegige ist das Verbot.	ذكر المؤلف في المسألة الأولى قولين، مشهورهما الجواز، والشاذ المنع.
Rn. 11	Das Argument der bekannten [Meinung] ist, dass die Prophetengefährten – Möge Gott an ihnen Wohlgefallen haben – sich, nachdem sie sich in Bezug auf die Führung der Kalifen – Möge Gott an ihnen Wohlgefallen haben – uneinig waren, auf die [Legitimität der] Führung Abū Bakrs [gest. 13/634] einigten. Genauso einigten sie sich nach ihrer Uneinigkeit auf die Bekämpfung derjenigen, die die Almosensteuer nicht entrichteten.	حجة المشهور: أن الصحابة رضوان الله عليهم اتفقوا على إمامة أبي بكر رضي الله عنه بعد اختلافهم في إمامة الخلفاء رضي الله عنهم، و كذلك اتفقوا على قتال مانعي الزكاة بعد اختلافهم فيه.
Rn. 12	Das Argument des Schafiiten Abū Bakr aṣ-Ṣayrafī [gest. 330/941] ist, dass ihre ursprüngliche Uneinigkeit zeigt, dass beide Meinungen richtig sind. [In] Ihr[em] Idschma danach, dass nur eine der beiden Meinungen richtig ist, darin befindet sich ein Widerspruch zu ihrem ursprünglichen Idschma.	حجة أبي بكر الصيرفي من الشافعية: أن اختلافهم أولاً على قولين يدل على أن كل واحد من القولين حق، وإجماعهم بعد ذلك على الحق في أحد القولين دون الآخر فيه مخالفة الإجماع الأول.(...)
Rn. 13	Die zweite Rechtsfrage [d. h. die o. g. fünfte] ist die Entstehung der Übereinkunft im nächsten Zeitalter nach dem Dissens im vorherigen.	وأما المسألة الثانية، وهي حصول الاتفاق في العصر الثاني بعد الاختلاف في

	D. h., wenn die Prophetengefährten – Möge Gott an ihnen Wohlgefallen haben – in zwei Meinungen auseinandergingen und ein Zeitalter verstrich [d. h., dass sie alle starben], ist es für die Nachfolgergeneration erlaubt, sich auf eine der beiden Meinungen zu einigen?	العصر الأول، يعني إذا اختلفت الصحابة رضي الله عنهم على قولين وانقرض العصر عليه، هل يجوز للتابعين أن يتفقوا على أحد ذينك [sic] القولين أم لا؟
Rn. 14	Der Autor erwähnt zwei Meinungen, die korrekte ist die des Verbots.	ذكر المؤلف فيه قولين، والصحيح المنع.

Textbeispiel 2: Fall 1: aš-Šūšāwī, *Rafʿ an-niqāb*, IV:593–595; Fall 2: aš-Šūšāwī, *Rafʿ an-niqāb*, IV:601–603

Wenn wir davon ausgehen, dass Idschma zustande kommen kann, so ist es höchst umstritten, wie man die verschiedenen Arten des Konsenses feststellt. Es kann schließlich sein, dass ein Gelehrter seine Meinung zurücknimmt. Deswegen fordern viele, dass ein Konsens nicht zustande kommt, solange die Gelehrten, die den Konsens geschlossen haben, leben. Daher setzen sie für den gültigen Idschma das sogenannte ›Vergehen des Zeitalters‹ (*inqirāḍ al-ʿaṣr*) voraus. Umstritten ist ebenfalls die Frage, wie genau bestimmt werden soll, ob jemand zum Idschtihad qualifiziert und also *muǧtahid* ist. Jede Rechtsschule hat unterschiedliche Bedingungen und auch Klassifizierungssysteme, wonach festgestellt wird, ob jemand zum Idschtihad berechtigt ist.[19]

Kommt ein Idschma doch zustande, so hat nicht jeder denselben erkenntnistheoretischen Wert. Dass es einen Idschma gibt, heißt nicht, dass er immer definitiv (*qaṭʿī*) zu berücksichtigen ist. Er ist nur dann *qaṭʿī*, wenn er auf der Stufe des *tawātur* tradiert wird und sich auf Koran und Sunna stützt. Ist ein Idschma in Form von Einzelberichten tradiert, ist er präsumtiv (*ẓannī*). In jedem Fall braucht er eine Stütze (*sanad*), im besten Falle im Koran und in der Sunna. Sofern man

19 Für nähere Informationen siehe Band I, Kapitel 4.2.

anderen Quellen eine Beweiskraft zuspricht, wie etwa dem Interesse der Menschen (*maṣlaḥa*) oder dem Gewohnheitsrecht (*ʿurf*) – beide werde ich unten besprechen –, kann der Wahrscheinlichkeitsgrad des Idschma variieren. Nur im Falle der letztgenannten Arten des Idschma kann er sich ändern: Ändert sich die Gewohnheit oder fällt das zu schützende Interesse weg, wirkt sich die Änderung dementsprechend auf den Idschma aus.

Die besondere Kraft des Idschma liegt ferner darin, dass er präsumtive Regelungen auf die Stufe der Gewissheit erheben kann. So kann es Idschma darin geben, eine allgemeine Aussage im Koran mit Rücksicht auf die Sunna zu spezifizieren, wie z. B. im Falle des Hadith, der den Mörder des Erblassers vom Erbe ausschließt, sollte er vor der Tat erbberechtigt gewesen sein, was die Erbverteilung in Q 4:11 einschränkt.

Insgesamt können wir sagen, dass ein Idschma nur selten zustande kommen kann. Es verwundert daher nicht, dass man bei Berichten von einem Idschma in Rechtswerken mit Sicherheit davon ausgehen kann, dass andere Quellen genau diesen Fall als umstritten einordnen. Nicht selten sprechen die Gelehrten daher von einer Übereinkunft (*ittifāq*), die all die strengeren Voraussetzungen eines Idschma nicht impliziert. Es gibt aber tatsächlich Fälle des Idschma, z. B. darüber, dass das tägliche Gebet (*ṣalāt*) ein Pflichtgebet und die Almosensteuer – unter bestimmten Bedingungen – eine jährlich zu entrichtende Pflicht ist.

Unter diesen Voraussetzungen lässt sich fragen, wieso die Mehrheit der Sunniten am Idschma-Konzept – zumindest theoretisch – festhalten will. Zu den Gründen zählt, dass Idschma Rechtssicherheit gewährleisten soll. Einigen sich die Gelehrten über einen Sachverhalt, so darf diesem Idschma nicht widersprochen werden. Die sunnitische Tradition kennt keine Institution wie die Kirche oder Personen, denen verborgenes Wissen zuteilwird, wie etwa den schiitischen Imamen. Um willkürliche Auslegungen einzugrenzen und zu kontrollieren, berufen sich die Gelehrten auf den Konsensgedanken. Zudem ist der Idschma eine mögliche Folge des *tawātur*; die massenhafte Überlieferung von Berichten kann von einer ebenso großen Menge von Personen anerkannt werden. Dadurch würde man den *tawātur*-Überlieferungen eine größere Sicherheit beimessen. Daneben kann man Einzeltraditionen durch Idschma eine größere Authentizitätswahrscheinlichkeit gewähren. Dass dies alles wenig praktiziert wurde und die Angaben über die Idschma-Fälle in den Quellen meistens nur Annahmen sind und keine tatsächlichen Begebenheiten wiedergeben, ändert an diesen Gedanken der Gelehrten nichts. Wir dürfen auch nicht vergessen, dass Idschma als ein theologisches wie auch politisches Instrument diente. Theologisch wichtig war er, um die sunnitische Tradition gegen andere Denkströmungen zu verteidigen. So konnte man etwa den Schiiten vorwerfen, sie würden sich vom Konsens der Muslim:innen abwenden. Als theologisches Instrument konnte man durch Idschma neu entstandene Religionspraktiken als ungültige Neuerungen (Sg. *bidʿa*) markieren. Daher ist Idschma für die Gelehrten für Fälle wichtig, die uns trivial erscheinen mögen, wie z. B., dass das Gebet eine Pflicht für jeden Gläubigen ist, so auch das Fasten, die Almosensteuer oder die Pilgerfahrt. Beschränkt sich der Konsens auf diese gottesdienstlichen Handlungen, sind alle Neuerungen dazu hinfällig.

Politisch wichtig war Idschma zudem, da er der Anerkennung des Kalifen dient, wie wir oben im Textbeispiel gesehen haben. Ferner diente er dazu, die muslimische Gelehrsamkeit gegenüber dem Herrscher, also den Kalifen zu schützen, als das Verhältnis zwischen beiden Lagern noch angespannt war. Legt man einen Idschma fest, ist er theoretisch über den Herrscher zu setzen; dieser darf dem Gelehrtenkonsens nicht widersprechen. Idschma soll somit die Willkür des Herrschers unterbinden.

In der Literatur wird betont, dass das Idschma-Konzept Vorläufermodelle hatte, aus denen es sich entwickelt habe. Es liegt nicht fern, dass die Gelehrten versucht haben, lokale Formen des Konsenses zu verallgemeinern und einen allgemeinen Konsens für möglich zu erklären. In der Literatur wird berichtet, dass Idschma daher verschiedene Vorläufer hatte, wie etwa den Konsens der Prophetengefährten, der Medinenser, der Ḥaramayn (also Mekka und Medina), der Miṣrayn (also Kufa und Baṣra), der beiden Šayḫān (also Abū Bakr und ʿUmar ibn al-Ḫaṭṭāb) und nach den Schiiten die Nachkommenschaft ʿAlīs und Fāṭimas (*iǧmāʿ ahl al-bayt* bzw. *al-ʿitra*). Insbesondere die Praxis der Medinenser (*ʿamal ahl al-Madīna*) genießt unter den Malikiten besondere Berücksichtigung. Sie ist eine Art Idschma, die aber von den Malikiten selbst nicht als Idschma-Ersatz formuliert wird. Malikiten selbst sind skeptisch gegenüber der Praxis der Medinenser, sollte sie eine Art Idschma durch Idschtihad und Herleitung sein. Daneben kann es überlieferte Praktiken geben, die die Medinenser als Praxis des Propheten fortführen. Dieser einheitlichen medinensischen Praxis wird als Fortleben der Praxis des Propheten eine normative Wirkung beigemessen. Sie wird dann wie eine *mutawātir*-Sunna bewertet, was von vielen Gelehrten jedoch kritisiert wird.

In der Sekundärliteratur wird nach den Ursprüngen des Idschma auch in altarabischer Tradition gesucht. Abwegig ist der Gedanke nicht; andere Termini, wie z. B. Sunna, sind ja ebenfalls eine Fortführung altarabischer Traditionen. So können wir dort konsensähnliche Konzepte finden, darunter Begriffe wie *sunna, al-amr al-muǧtamaʿ ʿalayhi* (eine Sache, über die man sich einig ist) und *nadwa* (Rat).

Es wird auch die Theorie vertreten, dass Idschma in Anlehnung an das Römische Recht entstanden sei. Doch wenn man sich die Ausführungen der Gelehrten vor Augen hält, scheint der Konsensgedanke vor allem aus dem Bedürfnis nach Rechtssicherheit und Kontrolle entstanden zu sein, ungeachtet dessen, ob er aus altarabischer Tradition stammt oder nicht.

Heute wird Idschma in seiner hier dargestellten Form oft kritisiert, jedoch auch in der seit Jahrhunderten tradierten Form weiträumig akzeptiert. Nicht selten wird Idschma mit Rücksicht auf den Begriff ›Beratung‹ (*šūrā*) neu konzipiert, aber nicht ersetzt. Seine Existenz kann Idschma zumindest in der Rechtstheorie als theoretisches Konstrukt wahren.

Ferner begrüßen die Gelehrten ein vom Idschma inspiriertes Konzept: den kollektiven Idschtihad (*iǧtihād ǧamāʿī*). Dieser gemeinschaftliche Idschtihad hat nicht den Anspruch, für alle Muslim:innen im Sinne eines klassischen Idschma verbindlich zu sein. Er soll aber gewährleisten, dass Lösungen formuliert werden, die der Lebensrealität der Menschen Rechnung tragen. Dabei werden nicht nur Religionsgelehrte in den Prozess der Lösungsfindung eingebunden, sondern auch Expert:innen aus unterschiedlichen Wissenschaftsdisziplinen – ganz im Gegensatz zum klassischen Konsensverständnis.[20]

2.2 *Qiyās*

Eine unter den Rechtsschulen umstrittene, von den Sunniten jedoch anerkannte Art, Normen herzuleiten ist der *qiyās*. Unter *qiyās* werden mehrere Schlussverfahren subsumiert, darunter auch der Analogieschluss. Aus diesem Grund möchte ich *qiyās* nicht übersetzen. Generell wenden sich die Schiiten (bis auf die Zayditen), einige Mutaziliten wie Abū Isḥāq an-Naẓẓām (gest. 231/845) und die Zahiriten gegen den *qiyās*, was aber nicht heißt, dass sie alle Schlussformen, die darunter subsumiert werden können, negieren. Sie sind eher gegen die Institution *qiyās*, berücksichtigen aber viele Schlussformen unter anderen Bezeichnungen. Bei dem andalusisch-zahiritischen Gelehrten Ibn Ḥazm (gest. 456/1064) finden wir dafür den alternativen Begriff *dalīl*, worunter er verschiedene Typen des Syllogismus ordnet.[21] Die schiitische Tradition prägt dagegen den Begriff *ʿaql* (Vernunft). Dies ist ihnen möglich, weil sie davon ausgehen, dass der Mensch in der Lage ist, das Gute und Böse selbstständig zu erkennen. Wird ein Fall in Koran und Sunna nicht geregelt, sind die Menschen dazu befähigt, selbstständig Normen herzuleiten. Weil die Sunniten diese Fähigkeit einschränken, ja sogar ausschließen, müssen sie nach Methoden suchen, die dennoch eine Anbindung an die Quellen Koran und Sunna gewährleisten. Denn für sie ist – vereinfacht dargestellt – das Gute das, was Gott und sein Gesandter gebieten; das Böse ist das, was sie verbieten. Entsprechend soll *qiyās* die Funktion erfüllen, neue Fälle den Quellen entsprechend zu lösen.

20 Gad Makhlouf, *Das Konzept des kollektiven* iǧtihād. Siehe außerdem Band V, Kapitel 2.1, 3.1 und 3.2.2.

21 Kurnaz, *Methoden*, 325–327, 333.

Dass man nicht schon immer eine direkte Anbindung an die Quellen suchte, ist daran zu erkennen, dass bis in das 3./9. Jahrhundert hinein die rationalistischen Rechtfindungsmethoden überwogen. Erst danach hat sich die o. g. theologische Haltung durchgesetzt, was dazu führte, dass *qiyās* einen bevorzugten Rang unter den Quellen genoss. Entsprechend umstritten ist die Diskussion darüber, weshalb dem *qiyās* eine Beweiskraft zukommen soll. Die Befürworter des *qiyās* berufen sich auf Koranpassagen wie Q 59:2 und 4:59. Dass der Koran selbst einige Vorschriften wie etwa das Verbot des Weinkonsums (vgl. Q 5:91) begründet, sehen sie als Anlass für die Legitimation des *qiyās*. Gibt es einen Grund für eine Regelung, kann sie auf ähnliche Fälle übertragen werden. Natürlich beruft man sich auch auf Argumente aus der Sunna. Prominent ist der Hadith, der eine Konversation zwischen Muʿāḏ ibn Ǧabal (gest. 17/638) und dem Propheten darstellt. In dieser Überlieferung gestattet es ihm der Prophet, eine eigene Lösung durch Räsonieren (*ra'y*) zu finden, wenn der Koran und die Sunna keine Lösungen vorschlagen. Ferner nehmen die Befürworter des *qiyās* an, dass der Prophet und seine Gefährten mit dem *qiyās* argumentierten. Dies sei ein Zeichen seiner Legitimität. Die Gelehrten führen auch rationale Argumente an. Es sei klar, dass durch eine begrenzte Anzahl an Texten die unbegrenzte Zahl an Rechtsfällen nicht geregelt werden könne. Daher sei es geboten, in Anlehnung an die Texte neue Fälle zu bewerten.

Die Widersacher des *qiyās* berufen sich ebenfalls auf den Koran, um zu zeigen, dass dem *qiyās* keine Beweiskraft zukomme. Es werden insbesondere Q 7:11–13, 15:28–36 und 38:71–78 zitiert. Dabei spielt der Fehltritt Satans eine zentrale Rolle: Satan habe sich dem Befehl Gottes widersetzt, sich vor Adam niederzuwerfen, weil er sich im Vergleich als erhabener als Adam sah. Zu dieser Einschätzung gelangte er durch eine Analogie: Er sei aus Feuer erschaffen, Adam nur aus Ton. Feuer sei erhabener und somit auch er gegenüber Adam. Dass Gott aber Satan für seinen Ungehorsam bestraft hat, zeige, dass das Argumentieren mittels Analogie nicht legitim sei (vgl. Q 38:71–78). Ferner halten die Widersacher die meisten *qiyās*-Vorgänge für Fälle, in denen quasi Äpfel mit Birnen verglichen werden: Obwohl die zu vergleichenden Fälle nicht gleich seien, würden sie gleich bewertet. Dass diese Kritik nicht unberechtigt ist, werden wir unten noch an Textbeispielen sehen.

Spricht man dem *qiyās* eine Beweiskraft zu, so wird er definiert als die Anbindung (*ilḥāq*) eines in den Quellen nicht vorkommenden Falls an einen in den Quellen erwähnten Fall. Die Beurteilung eines bekannten Falls wird somit auf einen neuen, vergleichbaren übertragen. Eine Bedingung dafür ist, dass beide Fälle mit einem Rechtsgrund (*ʿilla*) oder einer Eigenschaft verbunden werden. Sie teilen denselben Rechtsgrund oder dieselbe Eigenschaft, die eine Gleichbewertung ermöglicht. Daraus ergeben sich die Bestandteile eines gültigen *qiyās*. Insgesamt sind es fünf:

1) Ausgangsfall (*aṣl*),
2) Beurteilung des Ausgangsfalls (*ḥukm al-aṣl*),
3) Rechtsgrund (*ʿilla*) bzw. eine verbindende Eigenschaft,
4) Zielfall (*farʿ*) und
5) Beurteilung des Zielfalls (*ḥukm al-farʿ*).

Der Ausgangsfall muss aus Koran, Sunna oder Idschma stammen. Er muss auf eine Beurteilung (*ḥukm*) verweisen, wie etwa Q 5:90, die den Weinkonsum verbietet. Es ist selbstverständlich, dass der Ausgangsfall nicht zu solchen Versen gehört, die als abrogiert gelten. Es darf sich also nicht herausstellen, dass ein späterer Koranvers den Vers für nichtig erklärt, der als Ausgangsfall für den *qiyās*-Vorgang dienen soll.

Die *ʿilla* (der Rechtsgrund) bzw. die verbindendende Eigenschaft der Vergleichsfälle haben mehrere Bedingungen, die sie erfüllen müssen, denn mit ihr steht und fällt der gesamte *qiyās*-Vorgang. Die bekanntesten Bedingungen für die *ʿilla* sind, dass sie deutlich (*ẓāhir*), bestimmt (*munḍabiṭ*), rational nachvollziehbar (*maʿqūl*) und übertragbar (*mutaʿaddī*) sein muss. Es wird auch die Bedingung aufgestellt, dass sie angemessen (*munāsib*) sein muss. Ein Rechtsgrund, der auf einen speziellen Fall beschränkt (*qāṣir*) ist, darf also nicht berücksichtigt werden – einen solchen Fall werden wir unten im Textbeispiel noch sehen. Die Bestimmbarkeit (*inḍibāṭ*) soll mögliche Rechtsgründe wie Mühe (*mašaqqa*) ausschließen, denn sie kann für Unklarheiten sorgen, wie etwa im Falle des Verzichts auf das Fasten und das Kürzen des Gebets während einer Reise. Wie mühselig die Reise ist, spielt keine Rolle, da die Mühe nicht objektiv bestimmbar ist. Es zählt nur, dass man sich auf einer Reise befindet. Die Bedingung der Angemessenheit (*munāsaba*) werde ich unten noch bei den Typen des *qiyās* ansprechen.

Für einen erfolgreichen *qiyās* darf zuletzt der Zielfall nicht bereits durch Koran, Sunna oder Idschma geregelt worden sein. Er muss ferner dieselbe *ʿilla* wie der Ausgangsfall haben, damit er gleich bewertet werden kann. Schauen wir uns ein vereinfachtes Beispiel an:

1) *Aṣl*: Q 5:90 fordert Muslim:innen dazu auf, auf Weinkonsum zu verzichten.
2) *Ḥukm al-aṣl*: Der Weinkonsum ist verboten (*ḥarām*).
3) *ʿIlla*: Der Rauschzustand führt zu Kontrollverlust beim Handlungsvollzug.
4) *Farʿ*: Ist Bierkonsum erlaubt, weil er nicht durch Koran und Sunna verboten wird?
5) *Ḥukm al-farʿ*: Alkoholhaltiges Bier zu konsumieren führt zum Rausch. Also ist der Konsum verboten.

Das ist ein typischer Fall des *qiyās al-ʿilla*. Wir haben einen deutlichen und übertragbaren Rechtsgrund im Ausgangsfall, den sich der Zielfall mit ihm teilt. Widersacher des *qiyās* sehen in solchen Fällen einen Syllogismus, verwerfen diese Argumentation aber nicht: Sie würden hier allerdings nicht vom *qiyās* im weiten Sinne sprechen. Sie beziehen sich auch nicht direkt auf Q 5:90, sondern auf Hadithe, die den Konsum berauschender Getränke insgesamt verbieten, wie etwa der Hadith, dass jedes Berauschende verboten sei.[22] Der Syllogismus sieht dann wie folgt aus:

22 Siehe zum Beispiel Muslim, *Ṣaḥīḥ*, *Kitāb al-Ašriba*, *Bāb* 7, Hadith Nr. 73/2003.

1) Obersatz: Der Konsum von allem Berauschenden ist verboten.
2) Untersatz: Bier ist etwas Berauschendes.
3) Konklusion: Der Konsum von Bier ist verboten.

Widersacher des *qiyās* sehen hier eine klare Übereinstimmung zwischen dem Obersatz und dem Untersatz, weil sie denselben Mittelbegriff haben. Es ist eine klare Beziehung von Gattung und Art zu erkennen: Bier ist eine Art des Berauschenden. Also ist sichergestellt, dass man hier nicht zwei unterschiedliche Dinge miteinander vergleicht. Einige Befürworter des *qiyās* wie der schafiitische Gelehrte Abū Ḥāmid al-Ġazālī (gest. 505/1111) und der malikitische Philosoph und Rechtsgelehrte Ibn Rušd (gest. 595/1198) versuchen deshalb, alle gültigen Fälle des *qiyās* im Sinne des Syllogismus zu verstehen.[23] Es verwundert daher nicht, dass man für Syllogismus auch den Begriff *qiyās* benutzte. Der Versuch, den *qiyās* im juristischen Sinne als Syllogismus zu deuten, verleiht dem unsicheren *qiyās*-Vorgang – die Unsicherheit werden wir noch sehen – eine Stabilität. Er wird intersubjektiv nachvollziehbar. Die Mehrheit der Rechtsgelehrten versucht aber, den Syllogismus vom juristischen *qiyās* zu unterscheiden. Der Hauptunterschied zwischen beiden liegt darin, dass der Mittelbegriff im juristischen *qiyās*, also die *ʿilla*, in den autoritativen Texten angedeutet sein muss. Sie ist nicht wie der Mittelbegriff im Syllogismus als eine feste Eigenschaft, die sich zwei Dinge teilen, determiniert. Das wiederum verleiht dem juristischen *qiyās* eine größere Flexibilität. Wir finden auch apologetische Motive für die Unterscheidung beider Schlussformen voneinander. Viele Gelehrte versuchten zu zeigen, dass man auch ohne den Einfluss der griechischen Philosophie – hier der Logik – eigene Mechanismen für die Rechtsfindung entwickeln kann.

Wir sehen in Rechtswerken, dass *qiyās* als Oberbegriff für verschiedene Schlussformen verwendet wird. Allgemeine Grundsätze und Prinzipien werden auch gern als *qiyās* bezeichnet. Richtet man

23 Opwis, »Syllogistic Logic«; Kurnaz, *Tradition und Fortschreibung*, 108–120, 360–363.

sich danach, spricht man von der Anwendung des *qiyās* – einen Fall dazu werden wir unter Textbeispiel 8 sehen. Zu den Schlussformen, die unter *qiyās* fallen, gehört das Erst-recht-Argument, das *argumentum a fortiori*, wenn also der Zielfall erst recht auf die Beurteilung des Ausgangsfalls verweist. Viele Gelehrte verstehen ihn als eine Art ›offensichtlichen *qiyās*‹ (*al-qiyās al-ǧalī*). Genauso viele verstehen ihn unabhängig davon. Eine weitere Form des *qiyās* ist z. B. der *qiyās al-ʿaks*, also die Feststellung dessen, dass durch Nichtvorhandensein einer Sache darauf geschlossen wird, dass eine Regelung für eine andere ebenfalls nicht gilt, da die Sache auch dort fehlt. Wissen wir nur andeutungsweise, dass ein Rechtsgrund vorliegt, sprechen die Gelehrten von *qiyās aṭ-ṭard*. Beide *qiyās*-Arten sind umstritten.

Die am meisten verwendete *qiyās*-Form ist die Ähnlichkeitsanalogie (*qiyās aš-šabah*). Man entdeckt eine Ähnlichkeit zwischen zwei Fällen, aber der Rechtsgrund erfüllt nicht unbedingt das Kriterium der Angemessenheit. Hanafiten kritisieren zwar diese Schlussform als Institution, in der Praxis wenden sie sie aber genauso an wie alle anderen Rechtsschulen. Genau diese Art *qiyās* ist auch Gegenstand der Kritik der meisten Widersacher. Ein Beispiel dazu folgt weiter unten in den Textbeispielen.

In jedem Fall müssen die Gelehrten, ungeachtet dessen, welche *qiyās*-Art sie anwenden, nach einem Rechtsgrund suchen, sofern er nicht den Texten direkt zu entnehmen ist. Man muss also einen Grund herleiten (sog. *taḫrīǧ al-manāṭ*). Dazu gibt es Methoden wie *as-sabr wa-t-taqsīm*: Alle möglichen Eigenschaften, die in Frage kommen, werden aufgelistet und eine nach der anderen eliminiert, bis die letzte Eigenschaft als *ʿilla* übrigbleibt. Dieses Ausschlussprinzip wird auch *tanqīḥ* und *taḥqīq al-manāṭ* genannt. Es gibt Unterschiede zwischen diesen beiden, wie etwa, dass man beim *taḥqīq al-manāṭ* vom Zielfall ausgehend nach einem Rechtsgrund sucht und den entsprechenden Ausgangsfall zur Bewertungsgrundlage nimmt, während beim *tanqīḥ* genau andersherum vorgegangen wird. Es sind aber alle genannten Vorgehensweisen eine besondere Form des Ausschlussprinzips.

Eine weitere Art, wie man einen Rechtsgrund finden kann, ist die *munāsaba*, die Überprüfung der Angemessenheit einer *ʿilla*. Diese Methode ist insbesondere unter Schafiiten prominent, da sie sich wie die

Hanafiten stark auf den *qiyās* beziehen. Hanafiten allerdings können auch noch auf *istiḥsān* ausweichen, was wir unten sehen werden (siehe Kapitel 3.1); das ist für die Schafiiten ausgeschlossen. Ich möchte diese *qiyās*-Form, die unterschiedlich bezeichnet wird, in ihren Grundzügen zusammenfassen:

Wenn ein Gelehrter eine potentielle *ʿilla* findet und diese *ʿilla* ein schützenswertes Interesse der Menschen darstellt, das auch in den Texten geschützt wird (sog. *maṣlaḥa muʿtabara*), dann darf sie für die Herleitung von Normen berücksichtigt werden. Sie wird je nachdem, wie naheliegend sie erscheint, unterschieden. Die Frage lautet: Trifft sie auf den Zielfall klar oder vermutlich zu oder ist sie eher unwahrscheinlich? Je nachdem, wie die Antwort lautet, wird der *qiyās* anders bezeichnet, z. B. als *munāsib wa-mulāʾim* und *munāsib wa-muḫīl*. Es können daneben solche Interessen erkannt werden, zu denen sich die Quellen nicht äußern: die *maṣlaḥa* (Pl. *maṣāliḥ*) *mursala*, die unterschiedliche Abstufungen hat. Darunter fallen notwendig zu schützende Interessen, sogenannte *ḍarūrīyāt*. Der Schutz des Lebens, der Vernunft, der Religion, der Nachkommenschaft und des Vermögens gehören dazu. Diese notwendig zu schützenden Interessen kann man den Quellen definitiv entnehmen, daher müssen sie auch geschützt werden. Findet man eine solche *ʿilla* und ist sie *munāsib* (*mursal*), so darf man sie in die Rechtsprechung einbeziehen. Umstritten ist, ob bedürfnisorientierte (*ḥāǧīyāt*) und verschönernde Interessen (*taḥsīnīyāt*) ebenfalls geschützt und in den *qiyās*-Vorgang einbezogen werden dürfen (zu ihrer Erklärung mehr unter Kapitel 3.2). Wir werden unten noch sehen, dass die Malikiten diesen Vorgang anders bezeichnen und weiträumiger nutzen; es handelt sich bei ihnen um *istiṣlāḥ* (siehe Kapitel 3.2).

Da die Ermittlung des Rechtsgrundes nicht immer sicher ist und man oft nur vermutet, welcher Rechtsgrund zutrifft, ist das Ergebnis eines *qiyās* präsumtiv. Oft liegt der Grund der Meinungsverschiedenheit in der Ermittlung der *ʿilla*. Man kann im Grunde genommen jede Eigenschaft, die passend erscheint, als Anlass für einen *qiyās* nehmen. Die Bereitschaft dazu variiert je nach Rechtsschule; Hanafiten und Schafiiten scheinen hier diejenigen zu sein, die eher dazu bereit sind. Je klarer ein *qiyās*-Fall ist, desto überzeugender ist er. Daher unterscheiden die Gelehrten klare, offensichtliche (*ǧalī*) *qiyās*-Vorgänge von unklaren, sekundären (*ḫafī*, wörtl. ›versteckt‹).

Entsprechend der bisherigen Diskussion ist es ebenfalls umstritten, in welchen Rechtsbereichen der *qiyās* angewandt werden darf. Man ist sich einig, dass gottesdienstliche Handlungen vom *qiyās* ausgeschlossen sind. Sie besitzen keine *ʿilla* und sind daher *taʿabbudī* (also Handlungen, die reine Gehorsamsverpflichtungen sind). Demzufolge ist der *qiyās* auf den Bereich der zwischenmenschlichen Beziehungen (*muʿāmalāt*) beschränkt. Diese sind alle *taʿlīlī*, besitzen also einen Rechtsgrund. Die Bestimmbarkeit eines Rechtsgrundes hat zur Folge, dass eine Norm hinfällig wird, wenn der Rechtsgrund nicht mehr existiert. Fraglich ist, ob *qiyās* auch im Bereich des Strafrechts und der Bestimmungen zu Sühneleistungen angewandt werden darf. (Das beschäftigt auch säkulare Rechtsordnungen wie das deutsche Strafrecht: Hier gilt das Analogieverbot als Rechtsgrundsatz.) Die Gelehrten sind sich einig, dass Ermessensstrafen (Sg. *taʿzīr*) Gegenstand des *qiyās* sind. Ermessensstrafen sind solche, die keinen Hinweis in Koran und Sunna haben, von dem sie abgeleitet werden. Ein Beispiel dafür sind Gefängnisstrafen für unterschiedliche Delikte, die in den autoritativen Texten nicht vorkommen.

Im Bereich der *ḥadd*-Strafen scheiden sich die Geister: *Ḥadd*-Strafen kommen in den autoritativen Texten (*nuṣūṣ*) vor und unterscheiden sich vom Talionsrecht (*qiṣāṣ*), dem Blutgeld (*diya*) und den Ermessensstrafen. Zu ihnen gehören Körperstrafen wie die Handamputation für Diebstahl (vgl. Q 5:38) und Peitschenhiebe für Unzucht (vgl. Q 24:2). Schafiiten, Malikiten und Hanbaliten erlauben den *qiyās* im Bereich der *ḥadd*-Strafen, da sie einen Rechtsgrund besitzen. So dürfe man die Bestimmungen für die Bestrafung der Unzucht auf alle Arten des illegitimen Geschlechtsverkehrs anwenden. Hanafiten sind dagegen, da sie der Meinung sind, dass es immer einen Restzweifel in der Rechtsgrundbestimmung gibt. Da man anderen Menschen durch *ḥadd*-Strafen schadet, richten die Hanafiten sich gegen die Ausweitung der *ḥadd*-Strafen durch den *qiyās*.

Insgesamt ist die Herleitung von Regelungen durch den *qiyās* – abgesehen von solchen Fällen, die die Sicherheit eines Syllogismus haben, und das sind die wenigsten – ein relativ unsicherer Prozess.

Daher sind viele *qiyās*-Arten umstritten; auf Typen wie *qiyās al-maʿnā* oder *al-mursal* bin ich nicht eingegangen.

Die meist verwendete *qiyās*-Art ist *qiyās aš-šabah*, auch wenn der Vorgang von einigen Rechtsschulen, insbesondere von Hanafiten, nicht als solcher bezeichnet wird. Einen solchen höchst umstrittenen Fall finden wir in der Feststellung des *ribā*-Verbots. Ibn Rušd erkennt zu Recht, dass hier jede Rechtsschule eine andere Eigenschaft (hier: *šabah*, ›Ähnlichkeit‹) zwischen dem Ausgangs- und dem Zielfall findet. Anhand dieses Falls wird in vielen rechtspraktischen Werken die Zulässigkeit des *qiyās* besprochen.

Um all das Angesprochene anschaulicher zeigen zu können, möchte ich zum Abschluss dieses Themas einige Textbeispiele übersetzen. Einleitend sei gesagt, dass die Gelehrten Varianten eines Hadith als *qiyās*-Grundlage nehmen, um zu verstehen, wie das Verbot des *ribā* (›Wucherzins‹) zu begründen ist. Dieser besagt, dass man Gold gegen Gold, Silber gegen Silber, Weizen gegen Weizen, Gerste gegen Gerste, Salz gegen Salz und Datteln gegen Datteln nur in gleicher Menge und sofort tauschen soll. Daraus wird abgeleitet, dass zwei gleiche Dinge nur in gleicher Menge getauscht werden dürfen. Weicht die Menge ab, spricht man vom Überschuss, der verboten ist (das ist das *ribā al-faḍl* bzw. *at-tafāḍul*). Die Tauschmenge darf dagegen bei unterschiedlichen Dingen abweichen. In beiden Fällen ist Stundung untersagt (das ist das *ribā an-nasīʾa* bzw. *an-nasāʾ*). Welche Verkaufsgegenstände fallen aber unter das *ribā*-Verbot? Darf *qiyās* angewandt werden? Auf diese Fragen gehen die Textbeispiele ein.

Als eine Einführung zum Thema möchte ich eine kurze Passage aus dem *Kitāb al-mabsūṭ* Šams al-Aʾimma as-Saraḫsīs (gest. 483/1090) übersetzen. As-Saraḫsī ist nicht der einzige, der so verfährt. Andere, wie der Schafiit Abū l-Ḥasan al-Māwardī (gest. 450/1058) in seinem *al-Ḥāwī al-kabīr*, nehmen diesen Fall ebenfalls zum Anlass, um über die Legitimität des *qiyās* zu diskutieren. Solche Passagen sind so detailliert, dass ich sie hier nicht aufnehmen kann.

Textbeispiel 3: *Qiyās* I

Rn. 15	Nun die *ratio* [vom *ribā*-Verbot]; wir sagen dazu [Folgendes]: Die Gelehrten der großen Städte – Gott erbarme sich ihrer – einigten sich darauf, dass die Bewertung des *ribā* sich nicht auf die sechs Dinge[, die im Hadith vorkommen,] beschränkt und sich in ihnen eine *ratio* befindet, die diese Bewertung auf andere Güter übertragen lässt,	وأما المعنى فنقول اتفق فقهاء الأمصار رحمهم الله على أن حكم الربا غير مقصود [sic][24] على الأشياء الستة وان فيها معنى يتعدى الحكم بذلك المعنى الى غيرها من الأموال
Rn. 16	außer Dāwūd [aẓ-Ẓāhirī, gest. 270/884] von den späteren [Gelehrten] und ʿUṯmān al-Battī [gest. 143/760] von den früheren [Gelehrten]; [sie widersprechen dieser Übereinkunft]. Dāwūd sagt: Die Bewertung des *ribā* beschränkt sich auf die sechs Dinge, denn es ist nicht erlaubt, das, was textuell nicht belegt ist, analog zum textuell Belegten zu beurteilen, um eine Bewertung festzustellen.	الا داود من المتأخرين وعثمان البتي من المتقدمين فان داود يقول حكم الربا مقصور على هذه الأشياء الستة لانه لا يجوز قياس غير المنصوص على المنصوص لاثبات الحكم
Rn. 17	Unter den Rechtsgelehrten der großen Städte – Gott erbarme sich ihrer – ist *qiyās* ein gültiges Argument, weil die Bewertung, die durch einen Text feststeht, übertragen werden kann. Al-Battī sagt, dass der *qiyās* ein gültiges Argument ist, aber als Prinzip fordert er, dass der *qiyās* mit Rücksicht auf	وعند فقهاء الأمصار رحمهم الله القياس حجة لتعدية الحكم الثابت بالنص والبتي يقول بأن القياس حجة ولكن من أصله أنه لا يجوّز القياس

24 Lies *maqṣūr* anstatt *maqṣūd*.

Ausgangsfälle nur möglich ist, wenn für jeden einzelnen Ausgangsfall ein Hinweis dafür vorliegt, dass der *qiyās* zulässig ist. Hier [im Falle des *ribā*] liegt aber solch ein [gesonderter] Hinweis nicht vor.	على الأصول إلا أن يقوم دليل في كل أصل على جواز القياس عليه ولم يقم ذلك الدليل هنا
Rn. 18 Unter den Rechtsgelehrten der großen Städte – Gott erbarme sich ihrer – ist der *qiyās* auf Ausgangsfälle möglich, es sei denn, es liegt ein Hinweis dafür vor, der den *qiyās* auf die Ausgangsfälle untersagt. Jedoch liegt hier ein Hinweis dafür vor, dass der *qiyās* zulässig ist. Mālik ibn Anas [gest. 179/795] und Isḥāq ibn Ibrāhīm al-Ḥanẓalī [bekannt als Ibn Rāhwayh, gest. 238/853] – Gott erbarme sich ihrer – überliefern jenen Hadith [der den Tausch der sechs Dinge thematisiert] und erwähnen am Ende [den Textteil]: »Das gilt auch für alles, was im Hohlmaß gemessen und gewogen wird«. Das ist ein [gültiger] Textbeleg über die Übertragbarkeit der Bewertung [des *ribā*] auf weitere Güter[, die im Hadith nicht vorkommen].	وعند فقهاء الأمصار رحمهم الله يجوز القياس على الأصول إلا أن يقوم دليل يمنع القياس على كل أصل ثم قد قام الدليل هنا على جواز القياس فإن مالك بن أنس واسحاق بن ابراهيم الحنظلي رحمهما الله رويا هذا الحديث وذكر في آخره وكذلك كل ما يكال ويوزن فهو تنصيص على تعدية الحكم إلى سائر الأموال.

Textbeispiel 3: as-Saraḫsī, *al-Mabsūṭ*, XII:112

Diese unterschiedliche Haltung zum *qiyās* hat direkte Auswirkungen auf das *ribā*-Verbot. Ibn Rušd fasst sie zusammen. Seine Zusammenfassung übersetze ich in Textbeispiel 4. Im letzten Satz der hier übersetzten Passage sagt Ibn Rušd, dass die Gelehrten darüber streiten, auf welchen Rechtsgrund die vier im Hadith vorkommenden Dinge – Weizen, Gerste, Datteln und Salz – hinweisen. Doch sind auch die anderen beiden umstritten, also Gold und Silber, die er andernorts besprochen hat und daher nicht noch einmal erwähnt, zumal viele Gelehrte davon ausgehen, dass der Rechtsgrund von Gold und Silber beschränkt und daher nicht auf weitere Fälle übertragbar sei.

Textbeispiel 4: *Qiyās* II

Rn. 19	Diejenigen, die die Klassifizierung des *ribā* auf diese sechs Klassen [in dem Hadith] beschränken, gehören einer von zwei Gruppen (*ṣinfayn*) an: entweder der Gruppe, die den *qiyās* im Recht (*šarʿ*) verwirft – ich meine die Herleitung der Rechtsgründe vom Wortlaut [der Referenztexte] her (*istinbāṭ al-ʿilal min al-alfāẓ*) – das sind die Zahiriten –, oder der Gruppe, die den *qiyās aš-šabah* verwirft, und das deshalb, weil alle, die hier die Rechtslücke (*maskūt*) an das Gesagte anbinden, das nicht durch *qiyās al-ʿilla*, sondern durch *qiyās aš-šabah* tun, mit Ausnahme dessen, was von Ibn al-Māǧišūn [gest. 212/827, Anm. SK] berichtet wird, dass er [dem widersprochen und] hierbei das Ware-Sein (*mālīya*) berücksichtigt habe, wobei er sagte: »Der Rechtsgrund des *ribā*-Verbots ist der Schutz des Besitzes.« Er meint das Verbot der Ware [selbst] (*manʿ al-ʿayn*).	إن الذين قصروا صنف الربا على هذه الأصناف الستة فهم أحد صنفين: إما قوم نفوا القياس في الشرع، أعني: استنباط العلل من الألفاظ، وهم الظاهرية، وإما قوم نفوا قياس الشبه، وذلك أن جميع من ألحق المسكوت هاهنا بالمنطوق به، فإنما ألحقه بقياس الشبه لا بقياس العلة، إلا ما حُكِي عن ابن الماجشون أنه اعتبر في ذلك المالية، وقال: علة منع الربا إنما هي حياطة الأموال، يريد: منع العين.
Rn. 20	Nun al-Qāḍī Abū Bakr al-Bāqillānī [gest. 403/1013, Anm. SK]: Weil für ihn der *qiyās aš-šabah* schwach und der *qiyās al-maʿnā* stärker als dieser	وأما القاضي أبو بكر الباقلاني فلما كان قياس الشبه عنده ضعيفًا، وكان

	ist, berücksichtigt er in diesem Punkt den *qiyās al-maʿnā*, solange für ihn kein *qiyās al-ʿilla* zustande kommt. Daher hat er nur Rosinen an diese vier Klassen angebunden, denn er nahm an, dass sie im Sinne von Datteln [zu verstehen] sind.	قياس المعنى عنده أقوى منه اعتبر في هذا الموضع قياس المعنى، إذ لم يتأتَّ له قياس علة، فألحق الزبيب فقط بهذه الأصناف الأربعة، لأنه زعم أنه في معنى التمْر،
Rn. 21	Für jeden von ihnen – ich meine von denen, die einen *qiyās* anwenden – liegt ein Hinweis für die Herleitung des *šabah* vor, den er für die Anbindung der Rechtslücke an die vier [in den Hadithen] genannten [Güter] berücksichtigt.	ولكل واحد من هؤلاء، أعني: من القائسين دليل في استنباط الشبه الذي اعتبره في إلحاق المسكوت عنه بالمنطوق به من هذه الأربعة.

Textbeispiel 4: Ibn Rušd, *Bidāya*, 657[25]

Jede Rechtsschule hat damit ihre eigene Auffassung dazu, wie die *ʿilla* – hier der *šabah* – zu bestimmen ist. Da die hanbalitische Meinung von der der Schafiiten, Malikiten und Hanafiten insgesamt nicht abweicht, möchte ich Texte aus den drei zuletzt erwähnten Rechtsschulen übersetzen.[26] Beginnen wir mit der schafiitischen Position: Das Textbeispiel ist aus dem Werk *al-Muhaḏḏab* vom einflussreichen Schafiiten Abū Isḥāq aš-Šīrāzī (gest. 476/1083).

25 Die Übersetzung stammt aus Kurnaz, *Tradition und Fortschreibung*, 238 f.

26 Für die hanbalitische Meinung siehe Kurnaz, *Tradition und Fortschreibung*, 228–231.

Textbeispiel 5: *Qiyās* III

Rn. 22 Abschnitt: Die Waren, über die der Referenztext berichtet, dass bei ihrem [Tausch] *ribā* verboten ist, sind Gold, Silber, Weizen, Gerste, Datteln und Salz. Der Beleg dafür ist die Überlieferung von ʿUbāda ibn aṣ-Ṣāmit [gest. 34/654] – Möge Gott an ihm Wohlgefallen haben. Er sagt: »Ich hörte den Gesandten Gottes – Friede und Segen auf ihm – den Tausch von Gold gegen Gold, Silber gegen Silber, Datteln gegen Datteln, Weizen gegen Weizen, Gerste gegen Gerste, Salz gegen Salz verbieten, es sei denn [der Tausch geschieht] in gleicher Menge. Wer hinzufügt oder eine Hinzufügung fordert, begeht *ribā*.«

فصل: والأعيان التي نص على تحريم الربا فيها الذهب والفضة والبر والشعير والتمر والملح، والدليل عليه ما روى عبادة بن الصامت رضي الله عنه قال سمعت رسول الله صلى الله عليه وسلم ينهى عن بيع الذهب بالذهب، والفضة بالفضة، والتمر بالتمر، والبر بالبر، والشعير بالشعير، والملح بالملح، إلا سواء بسواء عيناً فمن زاد أو استزاد فقد أربى.

Rn. 23 Nun Gold und Silber: Der diesbezügliche *ribā* ist aufgrund derselben *ʿilla* verboten. Diese ist, dass sie [beide] eine Art Zahlungsmittel sind. *Ribā* in diesem Fall bezieht sich [nur] auf sie und nicht auf alle restlichen Dinge, die gewogen werden. Der Beleg dafür ist, dass man das *ribā*-Verbot aufgrund einer *ratio* nicht auf andere Güter übertragen darf. Wenn es aufgrund einer *ratio* auf andere Dinge übertragbar wäre, dann wäre die Stundung für Dinge, die über die beiden [also Gold und Silber] hinausgehen, nicht zulässig.

فأما الذهب والفضة فإنه يحرم فيهما الربا لعلة واحدة، وهو أنهما من جنس الأثمان فيحرم الربا فيهما ولا يحرم فيما سواهما من الموزونات، والدليل عليه أنه لا يجوز أن يكون تحريم الربا لمعنى يتعداهما إلى غيرهما من الأموال، لأنه لو كان لمعنى يتعداهما إلى غيرهما لم يجز إسلامهما فيما سواهما من

	Das hieße, dass bei zwei Dingen, die dieselbe *ʿilla* in Bezug auf *ribā* haben, der gestundete Tausch des einen mit dem anderen nicht zulässig wäre, wie etwa bei Gold und Silber, Weizen und Gerste. Wenn aber die Stundung [des Tauschs] von Gold und Silber mit wiegbaren Dingen und den messbaren Dingen und [darüber hinaus] mit anderen Gütern erlaubt ist, deutet dies darauf hin, dass die *ʿilla* in beiden eine *ratio* ist, die nicht übertragbar ist. Diese ist dann die, dass sie eine Art Zahlungsmittel sind.	الأموال لأن كل شيئين جمعتها علة واحدة في الربا لا يجوز إسلام أحدهما في الآخر كالذهب والفضة والحنطة والشعير، فلما جاز إسلام الذهب والفضة في الموزونات والمكيلات وغيرهما من الأموال دل على أن العلة فيهما لمعنى لا يتعداهما وهو أنه من جنس الأثمان
Rn. 24	Nun, was die vier Güter anbelangt: Dazu gibt es zwei Meinungen. Im *al-ǧadīd* [das sind die neuen, revidierten Ansichten aš-Šāfiʿīs in Ägypten] ist die *ʿilla*, dass sie genießbar sind. Der Beleg dafür ist das, was Maʿmar ibn ʿAbdallāh [Sterbedatum unbekannt] tradiert, und zwar, dass der Prophet – Frieden und Segen auf ihm – sagte: »[Tauscht] Genießbares gegen Genießbares in gleicher Menge.« ›Genießbares‹ ist ein Nomen für alles, was man verzehren kann. Der Beleg dafür ist die Aussage Gottes: »[D]ie Speisen derer, denen das Buch gegeben ward, sind euch erlaubt. Und eure Speisen sind ihnen erlaubt.« [Q 5:5] Damit meint er das Geschlachtete.	فأما الأعيان الأربعة ففيها قولان: قال في الجديد العلة فيها أنها مطعومة، والدليل عليه ماروى معمر بن عبد الله أن النبي صلى الله عليه وسلم قال: الطعام بالطعام مثلاً بمثل. والطعام اسم لكل ما يتطعم والدليل عليه قوله تعالى: {وَطَعَامُ الَّذِينَ أُوتُوا الْكِتَابَ حِلٌّ لَكُمْ وَطَعَامُكُمْ حِلٌّ لَهُمْ} [المائدة: 45] [sic!] أراد به الذبائح[.]

Textbeispiel 5: aš-Šīrāzī, *al-Muhaḏḏab*, II:26

Die Schafiiten sind also der Meinung, dass sich der Rechtsgrund bei Gold und Silber auf diese beiden Dinge beschränkt. Die Gelehrten denken noch nicht abstrakt an den Geldwert, sondern bemessen den Wert von Gold und Silber nach ihrem Gewicht. Daher kommt die Frage auf, ob sie repräsentativ für alles stehen, das gewogen wird. Bei den restlichen Dingen sehen sie einen Hinweis darauf, dass alles Genießbare unter das *ribā*-Verbot fällt. Damit wären z. B. Tauschgeschäfte mit Kupfer unter allen Umständen gültig. Nach der alten Meinung aš-Šāfiʿīs kam zu der Genießbarkeit noch die Mess- und Wiegbarkeit hinzu. Der Unterschied zur ersten Meinung ist, dass hier nur solche genießbaren Dinge Gegenstand des *ribā*-Verbots sind, die gewogen oder im Hohlmaß gemessen werden (ihre Menge wird durch z. B. die Größe und Anzahl von Eimern gemessen). Werden sie in Stückzahlen verkauft, dann unterliegen sie nicht dem *ribā*-Verbot.

Die Malikiten stimmen den Schafiiten in der Rechtsgrundbestimmung von Gold und Silber zu. Für die restlichen Dinge haben sie einen anderen Vorschlag. Das folgende Textbeispiel ist aus dem Werk *al-Išrāf* vom Bagdader Malikiten al-Qāḍī ʿAbd al-Wahhāb (gest. 422/1031). Sein Einfluss erstreckt sich über die Grenzen Bagdads hinaus bis nach Andalusien.

Textbeispiel 6: *Qiyās* IV

Rn. 25	Die *ʿilla* des Überschussverbots in Bezug auf die vier Güter ist, dass sie zur Gattung gehören, die insofern konsumiert wird, als dass ein Bedürfnis danach besteht, da sie Grundnahrungsmittel sind und gelagert werden können. Abū Ḥanīfa [gest. 150/767] sagt: Die *ʿilla* ist, dass sie der Gattung der messbaren und wiegbaren Dinge zugehören. Aš-Šāfiʿī [gest. 204/820, sagt]: Sie gehören zur Gattung des Genießbaren.	العلة في تحريم التفاضل في الأعيان الأربعة أنها جنس مأكول على وجه تمس إليه الحاجة من القوت وما يصلحه من المدخرات. وقال أبو حنيفة: العلة أنه جنس مكيل أو موزون، وقال الشافعي جنس مطعوم.

Rn. 26	Unser Beleg dafür, dass unsere *ʿilla* korrekt ist, ist, dass der Sinn des [autoritativen] Referenztexts in Bezug auf die vier genannten Dinge der ist, dass damit eine *ratio* gemeint ist, die weder durch das Fehlen des Textes erfahrbar wäre noch mit seinem Hinweis auf andere Dinge. Wenn nur der Genuss gemeint wäre, wie aš-Šāfiʿī es annimmt, würde sich [der Referenztext] nur auf eines [der aufgezählten Dinge] beziehen, da sich in ihnen allen [die Eigenschaft des] Verzehrs befindet. Er [d. h. aš-Šāfiʿī] berücksichtigt die verschiedenen Eigenschaften nicht. Ebenso, wenn nur das Messen oder Wiegen gemeint wäre, so hätte er [d. h. der Referenztext] sich auf eines von ihnen beschränken können.	فدليلنا على صحة علتنا أن الغرض بالنص على الأربعة المسميات أن يستفاد به معنى لا يعلم مع عدمه ولا مع نصه على غيره، فلو أراد مجرد الطعم على ما يقول الشافعي لاقتصر على واحد منها لتساوي الأكل في جميعها إذ لا اعتبار عنده باختلاف صفاته، وكذلك لو أراد مجرد الكيل والوزن لاقتصر على واحد منهما،
Rn. 27	So ist es nicht korrekt, uns in Bezug auf [die Bedeutung] ›Grundnahrungsmittel‹ zu widersprechen, denn wir leiten durch seinen Referenztext [d. h. von der Aussage des Propheten] – Friede und Segen auf ihm – von all den einzelnen vier Gütern das her, das von nur einem einzigen [der im Hadith aufgezählten Dinge] nicht herzuleiten wäre.	ولا يصح أن يعكس علينا في القوت، لأنا نستفيد بنصه صلى الله عليه وسلم على كل واحد من الأعيان الأربعة ما لا نستفيده بنصه على أحدها،
Rn. 28	Er verweist mit Weizen auf jede Art von Grundnahrungsmitteln, bei denen ein allgemeines Bedürfnis danach besteht und der Körper durch dessen Konsum ernährt wird. Er verweist auf Gerste in der Hinsicht, als dass	وهو أنه نبه بالبر على كل مقتات تعم الحاجة إليه وتقوم الأبدان بتناوله، ونص على الشعير منبهاً به

	sie dem Weizen ähnelt und auf all das, was im Sinne von dem ist, was im Zustand der Notwendigkeit als Grundnahrungsmittel dient, wie etwa Mais und Hirse. Wenn es auch nur als Futter für das Vieh verwendet werden würde, verlöre es nicht seine Eigenschaft, Grundnahrungsmittel zu sein. *Ribā* bezieht sich nicht auf Grundnahrungsmittel im Zustand des Wohlstandes und Überflusses, mit Ausschluss des Zustands der Notwendigkeit und Knappheit.	على مساواته للبر، وكل ما في معناه مما يقتات حال الضرورة كالذرة والدخن وغيرهما، وإن انفراد كونه علفاً للبهائم لا يخرجه عن حكم القوت، وأن الربا لا يتعلق بما يقتات حال الرفاهة والسعة دون حال الضرورة والشدة،
Rn. 29	Er [der Prophet] erwähnt Datteln als Andeutung auf Honig, Rosinen, Zucker und alle Süßigkeiten, die für den alltäglichen Verzehr für gewöhnlich gelagert werden. Der *ribā* bezieht sich damit auf [bestimmte] Arten von Süßigkeiten.	وذكر التمر منبهاً به على العسل والزبيب والسكر وكل حلاوة مدخرة غالباً للاقتيات، وأن الربا يتعلق بنوع الحلاوات
Rn. 30	Er erwähnt Salz als Andeutung auf Gewürze und all das, was zu Grundnahrungsmittel zugehört und [den Geschmack von] alltäglichem Essen verbessert.	وذكر الملح تنبيهاً على الأبازير وما يتبع الاقتيات ويصلح المقتات.

Textbeispiel 6: ʿAbd al-Wahhāb, *al-Išrāf*, II:447 f.

Im Gegensatz zu den Schafiiten unterscheiden die Malikiten unter den genießbaren Dingen. Nur Grundnahrungsmittel für die tägliche Nahrungsaufnahme sind Gegenstand des *ribā*-Verbots. Darunter befinden sich auch Süßigkeiten und Gewürze.

Hanafiten dagegen gehen einen ganz anderen Weg. Sie bestimmen die *ʿilla* als alles Mess- und Wiegbare. Das folgende Beispiel ist ein kurzer Auszug aus as-Saraḫsīs *al-Mabsūṭ*, das ich mit einem Auszug aus ʿAbdallāh ibn Maḥmūd al-Mawṣilīs (gest. 683/1284) Kommentarwerk *Kitāb al-Iḫtiyār li-taʿlīl al-muḫtār* ergänzen möchte. Al-Mawṣilī kommentiert dabei seinen eigenen kurzgefassten Text (in Textbeispiel 8 (›Haupttext‹) zum hanafitischen Recht. Der Text von as-Saraḫsī setzt – nach weiteren Argumenten – dort an, wo wir oben in Textbeispiel 3 aufgehört haben.

Textbeispiel 7: *Qiyās* V

Rn. 31	Unsere Gelehrten – Gott erbarme sich ihrer – sind der Meinung[, dass die *ʿilla* des *ribā*-Verbots] die Klassenzugehörigkeit und die Menge ist. Die Klassenzugehörigkeit ist durch die Aussage des Propheten – Friede und Segen auf ihm – »Gold gegen Gold, Weizen gegen Weizen« zu erkennen, und die Menge durch die Aussage des Propheten – Friede und Segen auf ihm – »in gleichem Maße«. Mit Menge ist das Hohlmaß, mit dem man misst, und mit Waage das, was man wiegt, gemeint.	قال علماؤنا رحمهم الله تعالى الجنسية والقدر عرفت الجنسية بقوله صلى الله عليه وسلم الذهب بالذهب والحنطة بالحنطة والقدر بقوله صلى الله عليه وسلم مثلًا بمثل ويعني بالقدر الكيل فيما يكال والوزن فيما يوزن.

Textbeispiel 7: as-Saraḫsī, *al-Mabsūṭ*, XII:113

Textbeispiel 8: *Qiyās* VI

Rn. 32	Die Umma schloss Konsens darin, dass ihre Bewertung [also die des *ribā*] auf andere Dinge bezogen werden kann. Nur widerspricht ihm das, was von ʿUṯmān al-Battī und Dāwūd aẓ-Ẓāhirī tradiert wird. Dem ist aber keine Beachtung zu schenken. Er [al-	وأجمعت الأمة على تعدّي الحكم منها إلى غيرها إلا ما يروى عن عثمان البتي وداود الظاهري ولا اعتماد

	Mawṣilī] sagt [im Haupttext]: »Seine *ʿilla* bei uns ist das Hohlmaß oder die Waage mit [Rücksicht auf die] Klasse«, aufgrund der Aussage des Propheten – Friede und Segen auf ihm – am Ende des Hadith »Das gilt ebenso für all das, was im Hohlmaß gemessen und gewogen wird«. Dies überliefern Mālik ibn Anas und Muḥammad ibn Isḥāq al-Ḥanẓalī. Es ist [dadurch] klar, dass die *ʿilla* das Messen und Wiegen ist.	عليه. قال (وعلته عندنا الكيل أو الوزن مع الجنس) لقوله عليه الصلاة والسلام في آخر الحديث «وكذلك كل ما يكال ويوزن» رواها مالك بن أنس ومحمد بن إسحاق الحنظلي بين أن العلة هي الكيل والوزن،
Rn. 33	[Gleiches gilt für] die Aussage des Propheten – Frieden und Segen auf ihm –: »Tauscht nicht einen *ṣāʿ* [ein Eimer im Umfang von etwa 3 Litern] gegen zwei, oder zwei *ṣāʿ* gegen drei.« Dies ist eine allgemeine [Aussage], die sich auf alles [im Hohlmaß] Gemessene bezieht, sei es genießbar oder nicht. Die Bewertung bezieht sich auf das Messen und Wiegen aus Sicht der Idschma, oder aufgrund dessen, dass die Gleichheit in Wirklichkeit nur durch sie beide [d. h. das Messen und Wiegen] festgestellt werden kann. Es ist besser, den Rechtsgrund mit Rücksicht auf das zu bestimmen, was in Verbindung zum Idschma steht oder die Gleichwertigkeit wirklich ermitteln lässts, anstatt das zu beachten, was umstritten ist.	وقوله عليه الصلاة والسلام «لا تبيعوا الصاع بالصاعين، ولا الصاعين بالثلاثة» وهذا عام في كل مكيل سواء كان مطعوما أو لم يكن، ولأن الحكم متعلق بالكيل والوزن، إما إجماعا، أو لأن التساوي حقيقة لا يعرف إلا بهما، وجعل العلة ما هو متعلّق الحكم إجماعا أو معرف للتساوي حقيقة أولى من المصير إلى ما اختلفوا فيه.

Textbeispiel 8: al-Mawṣilī, *al-Iḫtiyār,* II:30

Wir sehen, dass je nach Argumentation der Gelehrten und je nachdem, welche autoritativen Quellen sie für die Rechtsgrundbestimmung heranziehen, die *ʿilla* für das *ribā*-Verbot variiert. Das hat zur Folge, dass je nach Rechtsgrundbestimmung der Anwendungsbereich des *ribā*-Verbots variiert. Wir sehen auch, dass die hier zitierten Quellen nicht vom abstrakten Geldwert ausgehen und somit auch der jeweilige Kontext, in dem die Gelehrten leben, den Deutungsprozess beeinflusst.

Wenn auch in der Theorie der *qiyās* durch strenge Bedingungen kontrolliert werden soll, ermöglicht er in großem Umfang Deutungen. Die theoretische Anbindung des *qiyās* an die Texte, für die insbesondere die Schafiiten kämpften, hindert also weiträumige Deutungen nicht. In einem gewissen Umfang werden willkürliche Auslegungen dennoch unterbunden. Insbesondere *qiyās*-Arten wie *qiyās al-munāsaba* ermöglichen Flexibilität, die einige Rechtsschulen z. B. im *istiḥsān* und *istiṣlāḥ* finden, auf die ich im nächsten Kapitel eingehen möchte.

Zusammenfassung

Im Gegensatz zum Koran und der Sunna sind die beiden Quellen Idschma und *qiyās* umstritten. Der Grund dafür ist, dass nicht mit Sicherheit ermittelt werden kann, ob man beide berücksichtigen darf. Bei Idschma ist das Zustandekommen annähernd unmöglich, wenn man sie nicht auf die erste Generation der Muslim:innen beschränkt. Tut man dies, hat es Konsequenzen für die herrschende Theorie in den *uṣūl al-fiqh*. Daher halten insbesondere Sunniten an diesem Konstrukt fest. Der *qiyās* dagegen wird als Institution von einer großen Gruppe der Schiiten wie auch Zahiriten und einigen Mutaziliten verworfen. Der Grund ist die Unsicherheit im *qiyās*-Prozess: Oft ist der gefundene Rechtsgrund so subjektiv, dass ein Vergleich zwischen Ausgangs- und Zielfall eigentlich nicht gestattet sein sollte. Klare Fälle des *qiyās* werden – allerdings unter anderen Bezeichnungen – auch von ihnen angenommen. Die theologische und erkenntnistheoretische Haltung unter den Sunniten, dass man

Recht von den autoritativen Referenztexten (*nuṣūṣ*) ableiten soll, zwingt die Gelehrten dazu, den *qiyās* zu betonen und andere freie Formen des Räsonierens einzugrenzen.

Kapitel 3: Sekundärquellen

Es gibt viele Sekundärquellen, die je nach Rechtsschule anerkannt bzw. abgelehnt werden. Die folgende Darstellung – bis auf die letzte Quelle – ist von dem Kerngedanken der Textnähe geleitet, wie sie die Gelehrten fordern. Die Methode, die eine direktere Textnähe erfordert als die anderen, werde ich zuerst nennen: Das ist das ›Für-gut-Halten‹ (*istiḥsān*). Ihm folgt das ›Für-nützlich-Halten‹ (*istiṣlāḥ*) und die ›Annahme des Fortbestehens‹ (*istiṣḥāb*) von bestehenden Normen und Zuständen. Weitere Fälle können mittels der Methode der ›Versperrung der Rechtsmittel‹ (*sadd aḏ-ḏarīʿa*) bewertet werden. Unabhängig von den bisherigen Quellen sind überlieferte Aussagen der Prophetengefährt:innen: Darf man sie als Quelle für die Herleitung von Normen speziell berücksichtigen? Eine als ebenfalls von den bisherigen Quellen unabhängig anmutende Quelle ist das Gewohnheitsrecht (*ʿurf*), das unter bestimmten Bedingungen berücksichtigt werden kann. Ferner bestätigt der Koran vorherige Religionsschriften: Darf man sie für die Herleitung von Normen berücksichtigen? Diese Frage wird unter der Bezeichnung ›das Recht der Vorherigen‹ (*šarʿ man qablanā*) diskutiert. Diese Rechtsquellen werden alle in modernen Einführungen zu den *uṣūl al-fiqh* diskutiert. Einige von ihnen, z. B. *al-ʿurf*, kommen in der vormodernen Literatur nicht unbedingt in der Systematik vor, wie ich sie hier besprechen werde.

3.1 Das Für-gut-Halten *(istiḥsān)*

Istiḥsān bedeutet wörtlich, etwas für gut oder besser zu halten. Als Terminus ist es bereits im 2./8. Jahrhundert belegt. Schon Abū Ḥanīfa (gest. 150/767) und seine Schüler Muḥammad ibn al-Ḥasan aš-Šaybānī (gest. 189/805) und Abū Yūsuf (gest. 182/798) haben den Begriff verwendet. Definiert haben sie ihn allerdings nicht. Zusammenfassend können wir aber mit Rücksicht auf spätere Werke sagen, dass der *istiḥsān* eine Ausnahme zur Regel ist. Der Gelehrte formuliert ausnahmsweise eine ergänzende Regelung zur allgemeinen Regel – letzteres wird oft als *qiyās* bezeichnet –, da er ein besonderes Bedürfnis danach sieht. *Istiḥsān* kann aber auch ein unwahrscheinlicher bzw. ein versteckter *qiyās* (*al-qiyās al-ḫafī*) sein: Man zieht nicht die offensichtliche Lösung eines *qiyās*-Vorgangs (wie oben in Kapitel 2.2 beschrieben) vor, sondern beruft sich auf einen Hinweis, der es erlaubt, einen nicht offensichtlich vorliegenden *qiyās*-Vorgang zu befürworten. Das Ergebnis am Ende dieses *qiyās*-Vorgangs weicht vom gewöhnlichen *qiyās* ab.

Der Kerngedanke beider *istiḥsān*-Typen ist gleich: Durch den gewöhnlichen *qiyās*-Vorgang oder die Berücksichtigung des allgemeinen Prinzips würde eine erschwerte Forderung an die Menschen ergehen, der sie nicht nachkommen können. Man ist daher mit Rücksicht auf verschiedene Belege und Argumente dazu bereit, eine andere Lösung vorzuschlagen. Dabei spielt die Wahrnehmung des Gelehrten für diese Ausnahme und die Berücksichtigung des Wohls der Menschen eine wichtige Rolle. Er entscheidet, wann eine Ausnahme möglich ist und wie sie formuliert werden soll. *Istiḥsān* ist somit die Präferenz des Gelehrten.

Der Bezug des *istiḥsān* auf den *qiyās* erfolgte spät. Noch im 2./8. und 3./9.Jahrhundert ist dazu kein Beleg zu finden. Ab dem 4./10. Jahrhundert hingegen sind die Gelehrten bestrebt, *istiḥsān* so zu beschreiben, dass er eine Art *qiyās* ist oder mit ihm in Verbindung steht. Die Aussage aš-Šāfiʿīs (gest. 204/820) fasst die Grundhaltung der Widersacher des *istiḥsān* zusammen und erklärt, wieso die Befürworter bestrebt waren, im *istiḥsān* eine Art *qiyās* zu sehen. Er sagt, wer *istiḥsān* betreibe, stelle eine eigene Scharia auf (*man istaḥsana fa-qad šarraʿa*). Durch die Anbindung an *qiyās* im Sinne des Analogieschlusses wird suggeriert, dass Gelehrte nicht nach Belieben *istiḥsān* nutzen und die religiösen Texte nicht ignorieren.

Die Schafiiten nehmen an, dass *istiḥsān* eine unkontrollierbare Rechtsfindungsmethode sei, bei der man sich von den Rechtsquellen entferne und willkürlich Normen formuliere. Die Befürworter, darunter allen voran die Hanafiten, auch Malikiten und Hanbaliten, sehen im *istiḥsān* eine zumindest *qiyās*-ähnliche Rechtfindungsmethode. Ebenso nachdrücklich, wie die Widersacher die Gefahr im *istiḥsān* formulieren, finden die Befürworter eine starke Parole für ihre Gültigkeit, die auf Mālik ibn Anas (gest. 179/795) zurückgeht: *Istiḥsān* ist neun Zehntel des Wissens (*istiḥsān tisʿat aʿšār al-ʿilm*). Insbesondere bei den Hanbaliten sehen wir die Subsumtion bestimmter Arten des *istiḥsān* unter *qiyās*. Dass *istiḥsān* ähnlich wie *qiyās* sei, wird ferner betont, da mit dem 4./10. Jahrhundert an die meisten Methoden die Forderung gestellt wurde, eine direkte oder indirekte Verbindung zu den religiösen Referenztexten aufzubauen. Einige Widersacher betonen, dass *istiḥsān* nur dann erlaubt ist, wenn er eine Art *qiyās* sein sollte. Entsprechend musste *istiḥsān* als *qiyās* gedeutet werden, um der beschriebenen Kritik zu entgehen.

Für die Legitimation des *istiḥsān* führen die Befürworter Koranverse an, wie etwa Q 39:18 und 55, außerdem viele Beispiele aus dem Leben des Propheten. So habe er den Terminkaufvertrag (*salam*) nach seiner Auswanderung in Medina erlaubt, obwohl er vorher verboten gewesen sei. Die Begründung hierzu lautet: Grundsätzlich gilt, dass das, was zum Zeitpunkt des Kaufs nicht vorhanden ist, nicht verkauft werden darf. Das würde auf den Terminkauf zutreffen. Da aber die Menschen an dieses Geschäftsmodell gewöhnt waren (z. B. beim Kauf von Früchten, die erst noch geerntet werden sollten) und ohne dieses Modell dem Handel geschadet wäre, habe der Prophet solche Verträge nachträglich erlaubt. Zudem werden Hadithe bemüht, nach denen das, was die Muslim:innen für gut halten, bei Gott auch gut sei. Daneben werden zahlreiche Beispiele aus der Praxis der Prophetengefährten, insbesondere vom zweiten Kalifen ʿUmar ibn al-Ḫaṭṭāb (reg. 13/634–23/644), angeführt. Ein Beispiel: ʿUmar habe die Beute und das Land nach der Eroberung Iraks nicht nach dem Wortlaut von Q 8:41 verteilt, sondern eine Ausnahme gemacht. Anstatt vier Fünftel der eroberten Länder an die Soldaten zu verteilen, habe

ʿUmar sich entschieden, die Länder ihren ursprünglichen Besitzern zu überlassen und von ihnen eine Steuer (*ḫarāǧ*) zu erheben.

Es gibt verschiedene Arten des *istiḥsān*. Die Hanafiten, deren Kennzeichen der Gebrauch des *istiḥsān* geworden ist, führen vier bis sechs Arten an, wobei die ersten beiden unter Hanafiten nicht unbedingt als *istiḥsān*, sondern als *qiyās* betrachtet werden: *istiḥsān an-naṣṣ, al-iǧmāʿ, aḍ-ḍarūra, al-ʿurf, al-maṣlaḥa* und *al-qiyās al-ḫafī*. Umstritten unter ihnen ist *istiḥsān* mit Rücksicht auf das Interesse (*maṣlaḥa*) der Menschen; generell sind Hanafiten skeptisch gegenüber der Verwendung des Terminus *maṣlaḥa*. Moderne Einführungswerke attestieren aber, dass sie diese Art in der Rechtspraxis akzeptiert hätten. Im Gegensatz zu den Hanafiten haben die Malikiten weniger *istiḥsān*-Arten vorzuweisen. Dazu gehören *istiḥsān al-maṣlaḥa* und *al-ʿurf*. Dies hat vor allem damit zu tun, dass Malikiten eine weitere Methode akzeptieren, die die Hanafiten nicht anerkennen: den *istiṣlāḥ*. Neben der Definition sind somit auch die Arten des *istiḥsān* umstritten.

Ein Beispiel für *istiḥsān an-naṣṣ*, also *istiḥsān* mit Rücksicht auf die Referenztexte, ist die oben angeführte Erlaubnis des Terminkaufs seitens des Propheten. Einige Hanafiten, so auch die Widersacher des *istiḥsān*, sehen hierin keinen *istiḥsān*. Es sei die gewöhnliche Berücksichtigung der religiösen Texte. Es ist nicht unwahrscheinlich, dass Hanafiten besonders solche Fälle als *istiḥsān* bewerten, um zu zeigen, dass *istiḥsān* kein willkürlicher Auslegungsprozess ist und die autoritativen, religiösen Quellen nicht ignoriert. Ferner zeigen diese Fälle, dass auch die religiösen Quellen Ausnahmen zur allgemeinen Regel machen, was ja den Kerngedanken des *istiḥsān* wiedergibt.

Als *istiḥsān al-iǧmāʿ* wird oft der Werklieferungsvertrag (*istiṣnāʿ*) erwähnt. Hierbei soll z. B. ein Kunstwerk oder ein Automobil erst nach der Bezahlung entstehen bzw. gebaut werden, was der allgemeinen Regel widerspricht, dass das Nichtvorhandene nicht verkauft werden darf. Wenn sich die Gelehrten darin einig sind, dass solch ein Kaufvertrag erlaubt ist, wird durch *istiḥsān al-iǧmāʿ* eine Ausnahme zur Regel gemacht. Dieses Beispiel wird wie im letzten Fall kritisiert: Die Norm kommt nicht durch *istiḥsān*, sondern durch Idschma zustande. Die Antwort darauf kann lauten, dass die Hanafiten hier trotzdem vom *istiḥsān* ausgehen, da einer allgemeinen Regel (sie wird *qiyās* genannt), in welcher Form auch immer, widersprochen wird. Um die Argumentationslogik zu wahren, bezeichnen sie diesen Prozess als *istiḥsān*.

Ein letztes Beispiel sei für *istiḥsān aḍ-ḍarūra* genannt. Dieser liegt z. B. vor, wenn aufgrund einer Notwendigkeit eine Ausnahme getroffen wird. So etwa wird es erlaubt, den Brunnen, in dem man ein totes Tier findet, anders zu reinigen, als es vorgeschrieben ist. Grundsätzlich soll der Brunnen komplett auslaufen, dann gereinigt und neu befüllt werden. Sind die Wasserreserven aber knapp, so ist es erlaubt, eine bestimmte Anzahl an Eimern voll Wasser aus dem Brunnen zu schöpfen, um ihn wieder als rein zu betrachten.

Damit ist die Stoßrichtung des *istiḥsān* klar: Das Recht soll flexibel auf die sich ändernden Umstände reagieren können. Der enge *qiyās*-Begriff würde dazu führen, dass man nicht auf die Veränderungen im Leben der Menschen reagieren könnte.

Bei der Beurteilung der Zulässigkeit kommt außerdem Apologetik ins Spiel: Haben die hanafitischen Rechtsschulgründer *istiḥsān* benutzt, worunter auch bestimmte *qiyās*-Arten fallen, so distanzieren sich die Schafiiten davon, obwohl sie ähnliche Schlüsse befürworten. Ihr Rechtsschulgründer hat schließlich *istiḥsān* unmissverständlich kritisiert. Aus demselben Grund beharren die Hanafiten auf dem Begriff *istiḥsān*: Ihr Rechtsschulgründer und seine Schüler haben mit *istiḥsān* argumentiert. Auffällig in der Literatur ist, dass selbst aš-Šāfiʿī unterstellt wird, dass er im Grunde genommen *istiḥsān* verwendet habe, ohne dies so zu bezeichnen. Er habe sich vielmehr gegen willkürliche Rechtsfindung wehren wollen und nicht den legitimen Formen des *istiḥsān* widersprochen.

Selten sind die Grenzen zwischen *istiḥsān*, *qiyās* und dem noch zu besprechenden *istiṣlāḥ* klar. Es gibt einige Punkte, die als Orientierung dienen können, um sie voneinander zu unterscheiden: Der *qiyās* folgt der offensichtlichen Lösung, der *istiḥsān* dagegen lässt Ausnahmen zu. Beide haben einen textuellen Bezug oder beziehen sich auf ein allgemeines Prinzip bzw. reagieren auf einen Ausgangsfall. Wenn wir *qiyās* im Sinne von ›Prinzip‹ verstehen, dann ist der Unterschied des *istiḥsān* zu ihm klar: Er ist eine Ausnahme zu dieser Regel. Geht man im *istiḥsān* einem eher unwahrscheinlichen Argument nach und befürwortet dadurch einen *al-qiyās al-ḫafī*, dann ist er eine Art *qiyās*. Schwieriger ist die Unterscheidung des *istiḥsān* vom *istiṣlāḥ*, dem Für-nützlich-Halten. Der *istiṣlāḥ* ist im Grunde genommen die Berücksichtigung eines allgemeinen Nutzens (*maṣlaḥa*) für Fälle, zu denen es keine Textgrundlage gibt, von welcher eine Norm hergeleitet werden könnte. Berücksichtigt man aber eine *maṣlaḥa*, um eine Ausnahme zum Regelfall zu finden, so fließen die Grenzen zwischen *istiḥsān* und *istiṣlāḥ* ineinander.

Zum Abschluss möchte ich ein Textbeispiel anführen, das sich von den o. g. Beispielen unterscheidet. Ich möchte einen Fall übersetzen, in dem unterschiedliche Annahmen als Grundregel zusammentreffen und mit dem Bedürfnis der Menschen kollidieren. Deshalb machen einige Hanafiten eine Ausnahme (hier: *istiḥsān*) zu einer Regel (hier: *qiyās*). Es handelt sich dabei um die Legitimation der Personen- und Sachmiete (*iǧāra*). Das Textbeispiel stammt aus dem Werk *Badāʾiʿ aṣ-ṣanāʾiʿ fī tartīb aš-šarāʾiʿ* des Hanafiten ʿAlāʾ ad-Dīn al-Kāsānī (gest. 587/1191), der die Tochter des berühmten hanafitischen Gelehrten ʿAlāʾ ad-Dīn as-Samarqandī (gest. 539/1144), Fāṭima as-Samarqandīya (gest. 581/1185), heiratete und gemeinsam mit ihr Fatwas erteilte. Das *Badāʾiʿ* ist zugleich der Kommentar zum Werk seines Schwiegervaters mit dem Titel *Tuḥfat al-fuqahāʾ*. Das Textbeispiel unten ist ein Auszug aus der Einleitung zum Buch der Personen- und Sachmiete (*Kitāb al-iǧāra*, im Folgenden kurz: *Miete und Mietvertrag*) und hier nicht vollständig übersetzt. Al-Kāsānī führt in das *Buch der Mietverträge* damit ein, dass es insgesamt 7 Themen diesbezüglich gebe. Das erste sei die Frage nach der Zulässigkeit von Sach- und Personenmieten; unter Mietverträgen verstehen muslimische Juristen nicht nur Sachmieten, sondern auch die ›Personenmiete‹, um bestimmte Dienste verrichten oder Dinge herstellen zu lassen.

Textbeispiel 9: *Istiḥsān*

Rn. 34	Der Mietvertrag ist nach allen Gelehrten erlaubt. Abū Bakr al-Aṣamm [gest. 200/816] nimmt an, dass er nicht erlaubt ist. Das Grundprinzip (hier: *al-qiyās*), auf das er sich beruft, ist, dass der Mietvertrag [im Grunde genommen] der Kauf vom Nutzen [einer Sache] ist. Nutzen aber sind im Augenblick nichtexistent. Das Nichtexistente darf nicht verkauft werden. Daher ist es nicht zulässig, den Kaufvertrag auf etwas zu beziehen, was man erst in Zukunft erhalten wird, so wie [es nicht erlaubt ist] den Kaufvertrag auf Güter zu beziehen, die man in Zukunft erhalten wird. Daher ist es unmöglich, ihn für erlaubt zu erklären, weder mit Rücksicht auf den jetzigen noch den künftigen Zustand.	فالإجارة جائزةٌ عند عامة العلماء.وقال أبو بكر الأصم: إنها لا تجوز، والقياس ما قاله؛ لأن الإجارة بيعُ المنفعة، والمنافع للحال معدومة والمعدوم لا يحتمل البيع، فلا يجوز إضافة البيع إلى ما يؤخذ في المستقبل كإضافة البيع إلى أعيان تؤخذ في المستقبل فإذن لا سبيل إلى تجويزها لا باعتبار الحال ولا باعتبار المآل،
Rn. 35	Grundsätzlich ist er [der Mietvertrag] also unzulässig; wir aber berücksichtigen für die Zulässigkeit den *istiḥsān* durch den erhabenen Koran, die Sunna und den Idschma. [...]	فلا جواز لها رأسًا، لكنا استحسنا الجواز بالكتاب العزيز والسنة والإجماع.[...]
Rn. 36	Die Aussage des Erhabenen, die von der Aussage der beiden Frauen berichtet[, lautet]: »Eine der beiden sprach: ›Mein Vater! Nimm ihn in deinen Dienst (*istaʾǧirhu*)! Siehe, der Beste, den du in deinen Dienst nehmen kannst, ist stark und treu.‹« [Q 28:26] Das, was uns Gott vom Recht der Früheren vor uns [also vom	وقوله - عزَّ وجلَّ - خبرًا عن تينك المرأتين: {قَالَتْ إِحْدَاهُمَا يَا أَبَتِ اسْتَأْجِرْهُ إِنَّ خَيْرَ مَنِ اسْتَأْجَرْتَ الْقَوِيُّ الأَمِينُ} [القصص: 26] وما قص الله علينا من شرائع من قبلنا من

Recht von Religionen vor der Entstehung des Islam] berichtet, ohne es abrogiert zu haben, wird grundsätzlich für uns zum geltenden Recht. Daher wird es zu unserem Recht und ist nicht [nur] das Recht der Früheren vor uns, so wie es in den *uṣūl al-fiqh* bestimmt wird.

غير نسخ يصيرُ شريعةً لنا مبتدأة، ويلزمنا على أنه شريعتنا لا على أنه شريعة من قبلنا لما عرف في أصول الفقه.

Rn. 37 Auch die [folgende] Aussage des Erhabenen [weist auf die Gültigkeit der Mietverträge hin]: »Wenn das Gebet dann abgeschlossen ist, zerstreut euch wieder überall, und strebt nach Gottes guten Gaben« [Q 62:10]. Der Mietvertrag ist [eine Art] Streben nach den guten Gaben. [...]

وقوله - عزَّ وجلَّ -:{فَإِذَا قُضِيَتِ الصَّلاةُ فَانْتَشِرُوا فِي الأَرْضِ وَابْتَغُوا مِنْ فَضْلِ اللَّهِ} [الجمعة: 10] والإِجارةُ ابتغاء الفضل، [...]

Rn. 38 Vom Propheten – Friede und Segen auf ihm – wird tradiert, dass er sagte: »Gebt dem Bediensteten seinen Lohn bevor sein Schweiß trocknet«. Er – Friede und Segen auf ihm – befiehlt, dass man sich darin beeilen soll, dem Bediensteten den Lohn zu überreichen, bevor er seine Arbeit beendet und sich [vom Arbeitsort] entfernt. Das deutet auf die Zulässigkeit des Mietvertrags hin. [...]

وروي عن النبي صلى الله عليه وسلم أنه قال: «أَعْطُوا الْأَخِيرَ[27] [!sic] أَجْرَهُ قَبْلَ أَنْ يَجِفَّ عَرَقُهُ» أَمَرَ صلى الله عليه وسلم بالمبادرة إلى إعطاء أجر الأجير قبل فراغه من العمل من غير فصل، فيدل على جواز الإجارة.[...]

Rn. 39 Nun der Idschma: Die Umma schloss vor der Existenz al-Aṣamms darin insofern einen Konsens, als dass sie

وأما الإجماع: فإن الأمَّةَ أجمعتْ على ذلك قبل

27 Lies *al-aǧīra* (›Bediensteter‹) anstatt *al-aḫīra*.

	seit den Lebzeiten der Prophetengefährten – Möge Gott an ihnen Wohlgefallen haben – Mietverträge schlossen, bis zum heutigen Tage, ohne dass jemand dies verwarf. Sein [d. h. al-Aṣamms] Widerspruch ist damit unbedeutend, da er dem [bereits geschlossenen] Idschma widerspricht.	وجود الأصم، حيث يعقدون عقد الإجارة من زمن الصحابة - رضي الله عنهم - إلى يومنا هذا من غير نكير، فلا يعبأ بخلافه، إذ هو خلاف الإجماع.
Rn. 40	Damit wird klar, dass der *qiyās* [d. h. das allgemeine Prinzip] verworfen wird, denn Gott der Erhabene legte Vertragsformen fest, weil die Menschen dieser bedürfen. Ihr Bedürfnis nach Mietverträgen ist dringend, denn nicht jeder einzelne besitzt ein Haus, um darin zu wohnen, oder Ackerland, um es zu bestellen, oder ein Reittier, um es zu reiten. Es ist unmöglich, ohne das Geld dafür zu haben oder durch Schenkung und Leihe sie zu erwerben.	وبه تبين أن القياس متروك، لأن الله - تعالى - إنما شرع العقود لحوائج العباد، وحاجتهم إلى الإجارة ماسة، لأن كل واحد لا يكون له دار مملوكة يسكنها، أو أرض مملوكة بزرعها[28] [sic!]، أو دابة مملوكة يركبها، وقد لا يمكنه تملكها بالشراء لعدم الثمن ولا بالهبة والإعارة؛

Textbeispiel 9: ausgewählte Argumente aus al-Kāsānī, *Badāʾiʿ*, V:511–516

An diesem Beispiel sehen wir eine Kombination an Argumenten aus verschiedenen Quellen: Verweis auf Koran, Sunna und Idschma. Auch das Recht der früheren Religionen (wörtl. *šarʿ man qablanā*) ist für al-Kāsānī ein gültiges Argument, um die Legitimität der Mietverträge zu zeigen. Diese Rechtsquelle werde ich unten gesondert behandeln (siehe Kapitel 3.7). Daneben führt er noch das Bedürfnis der Menschen

28 Lies *yazraʿuhā* anstatt *bi-zarʿihā*.

nach Mietverträgen als Argument an. Er bezeichnet dieses Bedürfnis im wörtlichen Sinne als *ḥāǧa*; wir werden sehen, dass solche Bedürfnisse und Interessen auch als *maṣlaḥa* oder *ʿurf* bezeichnet werden. *Maṣlaḥa* ist die Grundlage für die Methode des *istiṣlāḥ*. Diese Methode möchte ich nun besprechen.

3.2 Das Für-nützlich-Halten *(istiṣlāḥ)* und das (schützenswerte) Interesse *(maṣlaḥa)*

Erkennt der Mensch ein Interesse und wird ein Fall in den Quellen nicht geregelt, so stellt sich die Frage, ob die Gelehrten mit Rücksicht auf dieses Interesse eine Rechtslücke füllen und eine Norm herleiten dürfen. Ähnlich wie beim *istiḥsān* wird diskutiert, ob mit Rücksicht auf dieses Interesse eine Ausnahmeregelung formuliert, eine geltende Regelung verändert und an neue Umstände angepasst werden kann. Dreh- und Angelpunkt der Diskussion ist somit der Begriff ›Interesse‹, im Arabischen *maṣlaḥa*.

Die Einbindung der *maṣlaḥa* in die Herleitung von Normen bezeichnet man als *istiṣlāḥ*. Auch wenn die Hanafiten den *istiḥsān* akzeptieren, wenden sie sich gegen *maṣlaḥa* bzw. *istiṣlāḥ* im Allgemeinen, obwohl prinzipiell *istiḥsān* ähnlich funktioniert. Schafiiten verwerfen *istiṣlāḥ* ebenfalls, lassen aber bestimmte Arten der *maṣlaḥa* mit Rücksicht auf die Angemessenheit (*munāsaba*) in den Vorgang des *qiyās* einfließen. Diejenigen, die *istiṣlāḥ* akzeptieren und *maṣlaḥa* stark akzentuieren, sind die Malikiten. Es wird von Mālik ibn Anas (gest. 179/795) berichtet, dass er die *maṣlaḥa* in der Herleitung von Normen berücksichtigt habe. Als technischer Begriff taucht *maṣlaḥa* bzw. *istiṣlāḥ* später als *istiḥsān* auf. Mit hoher Wahrscheinlichkeit kommt er erst im 5./11. Jahrhundert vor, *maṣlaḥa* dagegen ist im 4./10. Jahrhundert noch früher belegt.

Die Gelehrten betonen, dass die Offenbarung und auch die Sunna des Propheten das Interesse (*maṣlaḥa*) der Menschen berücksichtigen.

Dies wird – unabhängig von der Legitimität der Frage nach dem *istiṣlāḥ* – von der Mehrheit der Gelehrten angenommen. Dabei spielt die theologische Frage danach, ob Gottes Handlungen stets einen Grund haben müssen, eine sekundäre Rolle. Grundsätzlich nimmt man an, dass das Recht dazu da ist, für die Menschen Nutzen (*maṣlaḥa*) herbeizuführen und Schaden (*mafsada*) abzuwehren. Ob Gott dies aus Barmherzigkeit oder aus Zwang tut, weil er dem Menschen stets das Gute wünsche, wie eine bekannte theologische Position fordert, spielt keine Rolle für die Rechtspraxis. Ferner müssen auch die Offenbarung und der Prophet das Interesse der Menschen berücksichtigen, da man spätestens mit dem 4./10. Jahrhundert – zumindest unter den Sunniten – angenommen hat, dass die menschliche Vernunft nur beschränkt das Gute, das Böse sowie schützenswerte Interessen erkennen kann. Die Offenbarung und der Prophet müssen daher diesbezüglich eingreifen, richtungsweisende Anweisungen geben und falsche Vorstellungen korrigieren. Entsprechend müssen die Interessen, die der Mensch mithilfe der religiösen Quellen erkennen kann, kategorisiert werden. Diese sollen der Entscheidung darüber dienen, ob man sie zur Herleitung von Normen berücksichtigen darf.

Maṣlaḥa (Pl. *maṣāliḥ*) hat drei Arten. Diese Kategorisierung stammt aus Werken, die Ende des 5./11. und Anfang des 6./12. Jahrhunderts entstanden sind. Es gibt demnach Interessen, die von den religiösen Texten anerkannt werden und daher als anerkannte Interessen (*maṣāliḥ muʿtabara*) bezeichnet werden. Entdeckt man solch eine *maṣlaḥa*, so darf mithilfe dieser eine Norm hergeleitet werden. Die Referenztexte bestätigen ihre Gültigkeit. Sie ist daher für viele Gelehrte Gegenstand des *qiyās*, weshalb z. B. Schafiiten die Bezeichnung *istiṣlāḥ* vermeiden. Als Beispiel wird hier die Zulässigkeit der Sammlung des Korans erwähnt oder das Verbot aller Rauschmittel, seien sie alkoholhaltige Getränke oder andere Mittel, die durch Rauchen, Injektion oder Verzehr eingenommen werden.

Daneben gibt es Interessen, die der Mensch zwar entdeckt, die aber von den religiösen Texten für nichtig erklärt wurden: das sind nichtige Interessen (*maṣāliḥ mulġā*). So sei es etwa nicht zulässig, die Erbverteilung so zu revidieren, dass Q 4:11 nicht verwirklicht werden kann, wie z. B. durch die Gleichstellung von Sohn und Tochter.

Als Letztes gibt es Interessen, die von den religiösen Texten nicht behandelt werden. Sie fehlen dort und sind daher offengelassene Interessen (*maṣāliḥ mursala*). Wenn wir vom *istiṣlāḥ* sprechen, dann handelt es sich dabei um die Integration offengelassener Interessen in die Herleitung von Normen. Prominente zeitgenössische Beispiele sind Fragen nach der Zulässigkeit von Organtransplantationen oder Organspenden und weitere bioethische Themen. Denken wir in die Zukunft, so könnte die rechtliche Stellung von Robotern und damit die Bewertung künstlicher Intelligenz in diesem Rahmen behandelt werden.

Nun stellt sich die Frage, wie man mit den *maṣāliḥ mursala* umgehen soll. Die Gelehrten kategorisieren daher die *maṣlaḥa mursala* weiter in drei Stufen: Die notwendig zu schützenden (*ḍarūrīyāt*), die bedürfnisorientierten (*ḥāǧīyāt*) und verschönernden Interessen (*taḥsīnīyāt*). Die *ḍarūrīyāt* werden in der Regel aus den koranischen Verboten abgeleitet. Man nimmt an, dass keine Gesellschaft existieren kann, sofern sie nicht geschützt werden. Sie bestehen aus dem Schutz von fünf Gütern: Leben (*nafs*), Vernunft (*ʿaql*), Religion (*dīn*), Nachkommenschaft (*nasl*) und Vermögen (*māl*). Die Gelehrten sind sich einig darin, diese Interessen in die Normderivation einzubeziehen. Umstritten sind die anderen beiden Stufen, *ḥāǧīyāt* und *taḥsīnīyāt*, was u. a. auf die Haltung von al-Ġazālī (gest. 505/1111) zurückgeht. Seine kritische Haltung hat sich aber nicht durchgesetzt. Insbesondere Malikiten berücksichtigen alle Stufen der *maṣlaḥa mursala*.

Die Stufe der bedürfnisorientierten Interessen ist nicht so klar definiert wie die der *ḍarūrīyāt*. Bei ihrer Missachtung kann zwar eine Gesellschaft existieren, dies führt aber zu Mühsal und Situationen der Bedrängnis. Wie bereits oben betont, besteht der Koran selbst darauf, stets das Einfache vorzuziehen. Die schützenswerten Interessen fallen in diesen Bereich. Ein Beispiel dafür sind juristische Lizenzen (*ruḫaṣ*), wie etwa die Verkürzung des Gebets auf der Reise, der Verzicht auf das Fasten bei Krankheit und ebenfalls während der Reise oder der Verzicht auf den Vollzug von Körperstrafen in Zweifelsfällen.

Auf der dritten Stufe befinden sich die verschönernden Interessen. Beachtet man sie nicht, führt dies nicht unbedingt zu Mühsal und Bedrängnis, doch wird das Leben durch ihre Berücksichtigung erleichtert. Typisch dafür sind Beispiele für die ›Verschönerung der

Sitten‹ (*maḥāsin al-ʿādāt*), wie etwa, dass man darauf achtet, Lebensmittel nicht zu verschwenden, zusätzliche Gebete zu verrichten, auf Tischmanieren zu achten und etwa Pflanzen nicht zu vernichten, selbst während des Kriegszustands.

Diese drei Stufen sind hierarchisch zueinander geordnet. Stehen sich zwei Interessen gegenüber, werden die *ḍarūrīyāt* den *ḥāǧīyāt* und diese den *taḥsīnīyāt* vorgezogen. Innerhalb der *ḍarūrīyāt* gibt es wiederum Versuche einer Hierarchisierung; sie variiert aber sehr stark. Klar ist, dass der Schutz der Religion, der Vernunft und des Lebens den anderen beiden – dem Schutz der Nachkommenschaft und des Vermögens – vorgezogen wird.

Zwischen den einzelnen Stufen gibt es Zwischenstufen. Das sind vervollständigende Interessen (*tatimmāt*). Dazu gehört etwa das Verbot des Konsums von einer kleinen Menge Alkohol als *vervollständigendes* notwendiges Interesse, obwohl diese Menge nicht berauschend wirkt. Eine geringe Menge Alkoholhaltiges zu konsumieren widerspricht nicht dem Schutz der Vernunft, kann aber zum Schaden führen. Daher wird das Verbot als eine Zwischenstufe und nicht als eine Notwendigkeit eingestuft. Ein ähnlicher Gedanke führt dazu, dass bei der Eheschließung die Ebenbürtigkeit (*kafāʾa*) der Ehepartner als *vervollständigendes* bedürfnisorientiertes Interesse eingeordnet wird.

Daneben können Interessen je nach Zeitalter unterschiedlich kategorisiert werden. So können z. B. verschönernde Interessen, wie insbesondere moderne Einführungswerke in die *uṣūl al-fiqh* zeigen, auf die Stufe der bedürfnisorientierten aufsteigen. War es etwa zu Beginn des 20. Jahrhunderts noch ein Luxus, schnelle Autos zu fahren, kann es zu einem Bedürfnis werden, wenn etwa der Arbeitsplatz möglichst zügig erreicht werden muss. Dann muss z. B. der Staat dafür sorgen, dass die Allgemeinheit leistungsfähige Autos kaufen oder solche Verkehrsmittel wie Schnellzüge in Anspruch nehmen kann, da sich der Standard der Transportgeschwindigkeit verändert hat. Kollidieren kann dieses Interesse mit einem anderen Interesse, hier dem Umweltschutz, der damit auf die Stufe der Notwendigkeit gelangen kann.

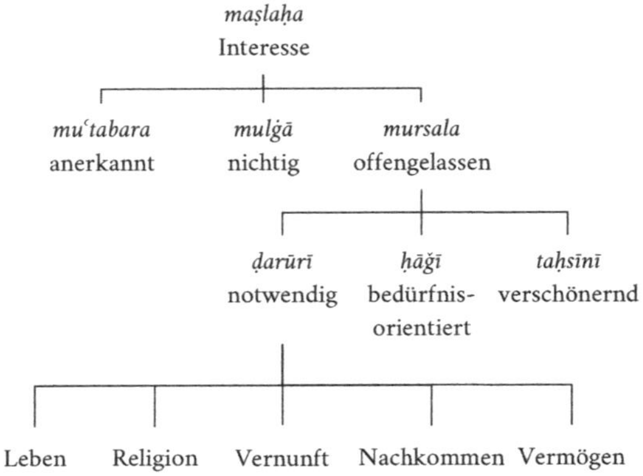

Schema 2: Interessen

Die Stufen der *maṣlaḥa* besprechen die Gelehrten ab dem 20. Jahrhundert insbesondere unter dem Begriff ›Ziele der Scharia‹ (*maqāṣid aš-šarīʿa*). Einführungswerke in die *uṣūl al-fiqh* dagegen haben eine gesonderte Überschrift *maṣlaḥa mursala* oder, wie vormoderne Werke auch, *istiṣlāḥ*. Ähnliche vereinzelte Tendenzen, sie als *maqāṣid* zu verstehen, gibt es auch in der Vormoderne, wie z. B. beim andalusisch-malikitischen Gelehrten Ibrāhīm ibn Mūsā aš-Šāṭibī (gest. 790/1388). Al-Ġazālī z. B. sieht nur die *ḍarūrīyāt* als *maqāṣid*, also als übergeordnete Ziele des Rechts. Auf die *maqāṣid* und die Unterschiede der modernen und vormodernen Herangehensweise werde ich unten gesondert eingehen (siehe Kapitel 4.6).

Die Argumente für und wider den *istiṣlāḥ* sind prinzipiell ähnlich wie die in der Diskussion zum *istiḥsān*. Die Befürworter sehen darin ein Instrument, neu entstehende Fälle realitätsnah und den religiösen Texten entsprechend zu regeln. Bereits die Prophetengefährt:innen, insbesondere ʿUmar ibn al-Ḫaṭṭāb habe danach geurteilt, indem er die Diebesstrafe während einer Hungersnot aussetzen ließ und für diverse Delikte Gefängnisstrafen anordnete, die nicht bzw. anders geregelt sind. Die Widersacher dagegen sehen hier die Gefahr willkürlicher

Auslegungen. Was an einem Ort als Interesse wahrgenommen werde, könne andernorts anders sein.

Die Befürworter, insbesondere Malikiten, auch viele Hanbaliten – auf den viel zitierten Naǧm ad-Dīn aṭ-Ṭūfī (gest. 716/1316) und seine Offenheit, *maṣlaḥa* so weiträumig wie möglich zu verstehen, werde ich gesondert eingehen (siehe Kapitel 4.5) – sehen in der Berücksichtigung der *maṣlaḥa mursala* eine eigenständige Methode und beschränken die Interessen nicht auf die *ḍarūrīyāt*. Gelehrte wie aš-Šāṭibī sehen eine Interdependenz unter den Stufen der *maṣāliḥ*. Schadet man der einen, nehmen auch die anderen Stufen Schaden. Dennoch kann man Bedingungen finden, unter denen *istiṣlāḥ* gültig ist. Dazu gehört, dass die *maṣlaḥa*, die für die Normderivation berücksichtigt werden soll, den religiösen Texten nicht widersprechen darf (dann wäre sie ja ein nichtiges (*mulġā*) Interesse). Ferner muss man sich sicher sein, dass ein Interesse tatsächlich besteht und sich zudem nicht nur auf Einzelpersonen bezieht. Daneben muss das Interesse rational nachvollziehbar und einer der drei Stufen zuzuordnen sein.

Im Gegensatz zu den Malikiten sind Schafiiten, darunter auch einige Malikiten wie Ibn Rušd (gest. 595/1198), der unter starkem schafiitischen Einfluss durch al-Ġazālī steht, dazu bereit, *maṣlaḥa* nur im Prozess des *qiyās* zu berücksichtigen. Al-Ġazālī beschränkt sich wie beschrieben auf die *ḍarūrīyāt*, andere wiederum lassen mehr Spielraum zu, selbst wenn sie die beiden o. g. Stufen nicht beim Namen nennen würden: Man spricht z. B. von *munāsib mursal, muḫīl* usw. Unter diesen Bezeichnungen wird *maṣlaḥa* im Sinne einer passenden Eigenschaft (*waṣf al-munāsib*) in den *qiyās*-Vorgang integriert. Daher tendieren einige Gelehrte dazu, diese *maṣāliḥ*, die eigentlich von den Texten offengelassen (d. h. *mursala*) sind, sogar als anerkannte Interessen (*maṣāliḥ muʿtabara*) zu bewerten. Dann ist der Weg zum *qiyās*, wie wir oben gesehen haben, nicht weit entfernt.

Neben dem *qiyās*-Vorgang wird die Argumentation mit Rücksicht auf die *maṣlaḥa* unter *istidlāl* (u. a. ›Beweisführung‹), einem Oberbegriff für verschiedene Schlussverfahren, angeführt. Damit sehen wir, dass hier wie im Falle des *istiḥsān* eine nominelle Diskussion vorliegt: Wenn auch die Methode nicht gleich bezeichnet wird, berücksichtigen die Gelehrten das Interesse der Menschen innerhalb der Methoden, die für ihre Rechtsmethodik am besten geeignet ist. Dadurch markieren sie auch ihre eigenen Grenzen zu anderen Rechtsschulen.

Zuletzt soll erwähnt sein, dass das Gegenteil von *maṣlaḥa* Schaden ist, also *mafsada*. Sofern die Gelehrten nicht in der Lage sind, einen Nutzen herbeizuführen, versuchen sie, einen Schaden abzuwehren, wobei sowohl der *istiṣlāḥ* und auch der *istiḥsān* für die Herleitung von restriktiven Regelungen berücksichtigt werden können. Sie dienen nicht immer dazu, Handlungen für erlaubt zu erklären, sondern können bestimmte Handlungen auch verbieten, wenn befürchtet wird, dass ein Schaden durch deren Vollzug entstehen würde. Wie genau man eine Entscheidung trifft, wenn zwei *maṣāliḥ* oder zwei *mafāsid* aufeinandertreffen, ist umstritten. Generell gilt, dass man den größeren Schaden unter zwei kollidierenden Schadensfällen vermeiden und den größeren Nutzen unter kollidierenden Nutzen erwirken soll. Kollidieren Schaden und Nutzen, so bevorzugen es viele Gelehrte, zuerst den Schaden abzuwehren, weil schon dessen Abwehr ein Nutzen sei. Der Umgang mit solchen Fällen ist jedoch nicht einheitlich. Derartige grundsätzliche Überlegungen zur Lösung von Kollisionsfällen werden später für die Entwicklung von Rechtsprinzipien wichtig sein. Auf sie werde ich in Kapitel 4.2 gesondert eingehen.

Insbesondere heute werden viele Fälle, zu denen es keine religiösen Texte gibt, mit Rücksicht auf die *maṣāliḥ* bzw. die *maqāṣid* gelöst. Bioethische Themen wie Organtransplantation, Organspende, Bluttransfusion, künstliche Befruchtung und Euthanasie (Sterbehilfe) gehören zu den prominentesten Fällen. Oft werden daneben wirtschaftsethische Fragen behandelt. Damit reagieren die Gelehrten auf zeitgenössische Entwicklungen und versuchen sie der muslimischen Tradition entsprechend zu regeln. Es geht sogar so weit, dass man heute die *maṣāliḥ* als ein eigenständiges Prinzip, ja sogar eine eigenständige Quelle sehen will. In Kapitel 4.6 werde ich darauf eingehen.

3.3 Die Annahme des Fortbestehens *(istiṣḥāb)*

Nimmt man an, dass eine beschlossene Sache oder ein Zustand aus der Vergangenheit weiterhin gültig ist, bis das Gegenteil davon bewiesen ist, handelt es sich um *istiṣḥāb al-ḥāl. Istiṣḥāb* wird oft auch als *dalīl al-ʿaql* (›Hinweis der Vernunft‹) bezeichnet. Bevor diese Argumentationsweise terminologisch als *istiṣḥāb* markiert wurde, haben die Gelehrten mit seinen verschiedenen Typen argumentiert. Daher geht man davon aus, dass trotz Kritik am *istiṣḥāb* er weitgehend von den Gelehrten anerkannt wurde. Es ist früh belegt, dass sie nach bestimmten Grundsätzen argumentierten, die man später als Typen des *istiṣḥāb* einordnete. Dazu gehört z. B. das Prinzip, dass Dinge grundsätzlich als erlaubt gelten, solange nicht das Gegenteil bewiesen ist. Bekannt ist dieses Prinzip als ›der Grundsatz für die Dinge ist das Erlaubtsein‹ (*al-aṣl fī l-ašyāʾ al-ibāḥa*) bzw. ›das grundsätzliche Erlaubtsein‹ (*al-ibāḥa al-aṣlīya*). Ähnlich gilt, dass die Menschen von einer Schuld bzw. einer Verpflichtung befreit sind, solange nicht das Gegenteil erwiesen ist. Dieser Grundsatz wird bezeichnet als ›der Grundsatz der Verantwortungsfreiheit‹ (*al-aṣl barāʾat aḏ-ḏimma*) bzw. ›die grundsätzliche Verantwortungsfreiheit‹ (*al-barāʾa al-aṣlīya*). Ein weiterer Grundsatz, der den Gedanken des *istiṣḥāb* unterstützt und sogar früher belegt ist als die letzten beiden, ist der, dass Zweifel Gewissheit nicht aufheben kann (wörtl. *al-yaqīn lā yazūlu bi-š-šakk*).

Obschon diese Grundsätze in der frühen Entwicklung des islamischen Rechts zu finden sind, erfolgte ihre terminologische Zuordnung zum *istiṣḥāb* erst später. *Istiṣḥāb* ist im 4./10. Jahrhundert belegt, z. B. beim malikitisch-bagdadischen Gelehrten Ibn al-Qaṣṣār (gest. 397/1007) in der Einleitung zu seinem rechtsvergleichenden Werk *ʿUyūn al-adilla*;[29] sie wird heute als ein eigenständiges Werk unter dem Titel

29 Ibn al-Qaṣṣār, *Muqaddima*, 315.

al-Muqaddima gedruckt. Erst ab dem 5./11. Jahrhundert wird der *istiṣḥāb* flächendeckend theoretisch besprochen. Die o. g. Grundsätze sind solche, die zunächst in der systematischen Theologie, dem *kalām*, ihren Platz hatten. Dort wurde z. B. diskutiert, ob Handlungen vor der Herabsendung der Offenbarung stets als verboten oder freigestellt bewertet werden sollten und ob der Mensch vermag, diesen Zustand zu erkennen. Es liegt nahe, dass diese Diskussionen wegen ihrer Relevanz für die Beurteilung von Handlungen den Rechtsdiskurs beeinflussten. Entsprechend sehen wir rechtsschulübergreifend in rechtspraktischen Werken (also im *furūʿ al-fiqh*), dass sie als Argumentationsgrundlage dienten. Die Befürworter des *istiṣlāḥ* sind daher zahlreich: Viele Schafiiten, Malikiten, insbesondere Zahiriten und Hanbaliten, so auch zayditische und dschafaritische Schiiten befürworten seine Anwendung. Als Argument führt man u. a. Q 6:145 an.

Unter Kritikern des *istiṣḥāb* werden Hanafiten, einige Schafiiten und Mutaziliten genannt. Es gibt auch Gelehrte aus unterschiedlichen Rechtsschulen, die *istiṣḥāb* nur teilweise anerkennen. So etwa könne man mit dem *istiṣḥāb* keine neuen Regelungen und Rechte für Dritte begründen, sondern nur festlegen, dass etwas, was bisher bestimmt wurde, weiterhin gilt. Die Kritik an *istiṣḥāb al-ḥāl* scheint nicht dahingehend zu erfolgen, dass er keine wirkliche Quelle sei, sondern sie beschränkt sich auf die konkrete Anwendung auf bestimmte rechtspraktische Fälle.

Teilweise kritisieren die Widersacher nur bestimmte Typen des *istiṣḥāb*. Er wird von einigen sogar, mit unterschiedlicher Bezeichnung, als vierte Quelle neben Koran, Sunna und Idschma genannt, wie etwa beim Schafiiten al-Ġazālī, beim Malikiten Ibn Rušd und beim Hanbaliten Muwaffaq ad-Dīn ibn Qudāma (gest. 620/1223) und ihm folgend bei aṭ-Ṭūfī – *qiyās* ist ihrer Meinung nach dem Koran und der Sunna zuzuordnen.[30] Andere Gelehrte sehen *istiṣḥāb* als eine Sub-

30 Al-Ġazālī, *al-Mustaṣfā*, II:406; Ibn Rušd, *aḍ-Ḍarūrī*, 96; Ibn Qudāma, *Rawḍa*, 79; aṭ-Ṭūfī, *Šarḥ*, III:147.

kategorie der Beweisführung (*istidlāl*) und nennen ihn nicht gesondert. Hanafiten betrachten *istiṣḥāb* oft negativ. Ihren Ausführungen kann man aber entnehmen, dass sie bestimmte Arten dennoch zulassen. Insbesondere Zahiriten stützen sich auf den *istiṣḥāb*, da sie im Gegensatz zu den anderen Rechtsschulen weder *qiyās* noch *istiṣlāḥ* und *istiḥsān* berücksichtigen können, um neue Fälle zu regeln. Die Existenz der letztgenannten Methoden ist wahrscheinlich der Grund dafür, weshalb *istiṣḥāb* z. B. bei Hanafiten beschränkt Anwendung findet. Schließlich kann man sehen, dass in späteren Jahrhunderten die Anwendung vom *istiṣḥāb* weitestgehend anerkannt wird, weil er neben anderen Methoden der Flexibilität und Aktualisierung des Rechts dient.

Zu den bekanntesten Arten des *istiṣḥāb* gehören die obengenannten zwei Grundsätze: *istiṣḥāb* des grundsätzlichen Freiseins und *istiṣḥāb* des grundsätzlichen Erlaubtseins. Eine weitere Art ist der *istiṣḥāb al-ḥukm aš-šarʿī* bzw. *al-waṣf*: Eine Regelung ist solange gültig, wie ihre Ungültigkeit nicht erwiesen ist. Ein Beispiel: Kauft jemand einen Gegenstand, dann geht man davon aus, dass er:sie der:die Besitzer:in ist, solange nicht das Gegenteil davon bewiesen ist. Oder: Alkoholische Getränke dürfen nicht konsumiert werden, solange nicht erwiesen ist, dass sie ihre alkoholisierende Eigenschaft verloren haben (wenn z. B. Wein zu Essig wird). Ein zeitgenössisches Beispiel, in dem mehrere *istiṣḥāb*-Argumente vorkommen, ist die Frage danach, ob Lebensmittel verzehrt werden dürfen, die Schweinegelatine beinhalten. Schweinefleisch und -fett zu konsumieren ist nach der Deutung von Q 5:90 verboten. Gelatine aus Schweinsknochen darf solange nicht verzehrt werden, wie nicht erwiesen ist, dass in der Herstellung von Gelatine ein neues Produkt entsteht. Dieser neue Stoff muss sich vom Schweinsknochen wesentlich unterscheiden. Durch die chemische Umwandlung (*istiḥāla*) des Schweinsknochens entsteht eine neue Substanz. Entsprechend dem Prinzip *al-ibāḥa al-aṣlīya* gilt, dass der Verzehr erlaubt ist, solange man nicht klar nachweisen kann, dass es zu *keiner* Umwandlung kam. Daher bündelt sich der Dissens darin, ob tatsächlich eine Umwandlung stattfindet.

Die vierte bekannte Art ist der *istiṣḥāb al-iǧmāʿ*: Es besteht Konsens darin, dass man die rituelle Reinigung mit trockener Erde (also *tayammum*) vollziehen darf, sobald man kein Wasser findet. In diesem

Reinheitszustand darf das Gebet verrichtet werden. Wenn man aber während des Gebets eine Menge Wasser sieht, mit der die Reinigung vollzogen werden könnte, stellt sich die Frage, ob der Konsens der Zulässigkeit des Gebets mit *tayammum*-Reinigung auf die Zulässigkeit der Vollendung des Gebets trotz Vorhandenseins von Wasser für die gewöhnliche Reinigung schließen lässt. Die Frage ist, ob man vom Fortbestehen der Idschma ausgehen darf; dieses Argument ist umstritten.

Zum Abschluss sei ein prominentes Beispiel zum *istiṣḥāb* in der vormodernen Literatur genannt: Darf der Verschollene (*mafqūd*) erben? Ein Verschollener ist jemand, von dem man nicht weiß, ob er lebt oder gestorben ist. Je nachdem, ob man akzeptiert, dass der *istiṣḥāb* nur den vorhandenen Zustand bewahrt oder neue Rechte begründet, variiert der Lösungsvorschlag. So nehmen Hanafiten und Malikiten an, dass der Verschollene nicht erben darf. Sie sagen aber auch, dass sein Vermögen nicht verteilt werden darf und unter Schutz steht, solange nicht bekannt ist, ob der Verschollene tot ist oder man sein Überleben vermuten kann. Schafiiten und Hanbaliten dagegen sprechen ihm unter diesen Umständen zusätzlich das Anrecht auf Erbe vom Vermögen seiner Verwandten zu und sehen ihn als erbberechtigt an, da man sein Überleben vermutet und ihm somit bestimmte Rechte zuspricht.

3.4 Versperrung der Rechtsmittel *(sadd aḏ-ḏarāʾiʿ)*

Es lässt sich fragen, ob Gebote und Verbote nur auf die zu erzielende Handlung und deren Ergebnis abzielen. Wie werden aber die Mittel, die zu einer verbotenen Handlung führen, bewertet? Darauf soll die ›Versperrung der Rechtsmittel‹ antworten. Der Grundgedanke ist, dass Handlungen, die aus formaler Sicht zwar gültig sind, letztlich aber zum Übel führen, unterbunden werden sollen. Rechtskniffe (*ḥiyal*), die nicht unter allen Umständen untersagt sind, sollen somit verhindert werden. Auch wenn man oft vom Versperren der Rechtsmittel ausgeht, gibt es Fälle, in denen Mittel aufgrund dessen, dass sie zu einer erlaubten Handlung führen, zugelassen werden. Dann spricht man von der ›Öffnung von Rechtsmitteln‹ (*fatḥ aḏ-ḏarāʾiʿ*). So wird z. B. zugelassen, Körperteile zu amputieren, um das Leben eines Patienten zu retten. Zulässige Rechtskniffe, wie etwa die unter Zwang erfolgte Behauptung, man sei ungläubig, um das eigene Leben zu retten, dürften unter *fatḥ aḏ-ḏarāʾiʿ* fallen. Nicht selten werden aber beide voneinander unterschieden.

Insbesondere Malikiten, daneben Hanbaliten, erkennen *sadd aḏ-ḏarīʿa* als gültiges Argument an. Für die Legitimation führt man Koranverse wie Q 2:104, 6:108 und 20:43 f. an. Zudem dienen die Aussagen und Entscheidungen des Propheten als Argumente für die Legitimation von *sadd aḏ-ḏarīʿa*. Dazu gehört, dass die Steuerbeamten keine Geschenke entgegennehmen dürfen oder dass der Prophet gesagt habe, man solle vorsichtshalber dubiose Handlungen vermeiden. Ähnliches gilt für die Praxis der Prophetengefährt:innen. Ein Beispiel dafür ist, dass die endgültige Scheidung eines Mannes von seiner Ehefrau im Sterbebett nicht ihren Ausschluss vom Erbe zur Folge hat. Dem *sadd aḏ-ḏarīʿa*-Gedanken entsprechende Beispiele finden wir auch in späterer Literatur. So etwa wird in Anlehnung an den Koran geurteilt, dass nicht nur die Unzucht als illegitimer Geschlechtsverkehr verboten ist, sondern alle Mittel, die dazu führen könnten. Insgesamt wird angenommen, dass viele Gelehrte *sadd aḏ-ḏarīʿa*, wenn auch unter anderer Bezeichnung und unter anderen Vorzeichen, berücksichtigen.

Um dieses Argument kontrollieren zu können und nicht willkürlich jedes Mittel (*ḏarīʿa*) für erlaubt oder verboten zu erklären, versuchen die Gelehrten eine Klassifikation vorzunehmen. Führt ein Mittel definitiv zu einem Schaden (*mafsada*), ist seine Befolgung untersagt. Darin ist man sich einig. Kontrovers sind Fälle, die überwiegend zum Schaden führen. Viele Gelehrte halten hier eine Versperrung für notwendig. Führt ein Mittel selten zu einem Schaden, lässt die Mehrheit der Gelehrten seine Berücksichtigung zu. Führt ein Mittel teils zum Schaden und teils zum Nutzen, variieren seine Folgen also je nach Umstand, dann ist der Fall umstritten. Die Malikiten und Hanbaliten wollen hier verstärkt *sadd aḏ-ḏarīʿa* anwenden. Auch hier gilt zu berücksichtigen, dass viele Fälle, die unter *sadd aḏ-ḏarīʿa* angeführt werden, von vielen Gelehrten als ein anderes Argument identifiziert werden können, etwa als *istiḥsān,* die Berücksichtigung der Meinung von Prophetengefährt:innen, als Bezugnahme auf einen Rechtskniff (*ḥīla*) oder als Bewertung der Prämisse (*muqaddima*) einer Handlung.

Grundsätzlich können wir die Haltung der Gelehrten gegenüber *sadd aḏ-ḏarīʿa* so zusammenfassen, dass die eine Gruppe Handlungen stärker nach ihrer äußeren Erscheinung, also nach objektiven Kriterien bewerten will. Die andere Gruppe dagegen berücksichtigt die Absicht hinter den Handlungen und damit subjektive Kriterien. Zu den zeitgenössischen Beispielen des *sadd aḏ-ḏarīʿa* gehört z. B. die Festlegung von Mietpreisen, die Zulässigkeit von Festen bzw. Festbesuchen, die nicht religiöse Feste oder Feste anderer Religionstraditionen sind, und den Weinimport. Auch das Rauchen wird oft in diesem Rahmen behandelt. Genau wie früher ist das *sadd aḏ-ḏarīʿa* Argument auch heute umstritten. Einige sehen darin eine eigenständige Methode, viele eine konkrete Umsetzung des *maṣlaḥa*-Gedankens.

Mit einem Textbeispiel möchte ich mein in der Einleitung gegebenes Versprechen einlösen und meine Ausführungen zum *sadd aḏ-ḏarīʿa* beenden: Wir haben oben in Textbeispiel 3 gesehen, dass zwei gleiche Waren in einem Tauschgeschäft nur in gleicher Menge getauscht werden dürfen; sonst liegt *ribā* vor. Wie verhält es sich aber bei Tauschgeschäften, bei denen ein *ribā*-fähiges Gut mit dem gleichen *ribā*-fähigen in abweichender Menge getauscht wird, die Abweichung aber mit einem anderen Gut kompensiert wird? Welche zwei Lösungen hat der Mufti in unserer kleinen Geschichte dem medinensischen und kufischen Händler vorgeschlagen? Die Lösungen für diesen Rechtsfall und den Dissensgrund fasst Ibn Rušd zusammen, dessen Text hier übersetzt werden soll.

Textbeispiel 10: *Sadd aḏ-ḏarīʿa*

Rn. 41	Auf diesem Gebiet liegt [auch] ihre Meinungsverschiedenheit über die Zulässigkeit des Tauschs von [einer Ware aus] einer *ribā*-fähigen Klasse gegen [eine Ware aus] derselben Klasse plus einem Zusatz (*ʿaraḍ*) oder mehrere Dīnār oder Dirham, wenn die Klasse, der der Zusatz beigefügt wird, weniger [an Menge] ist als die Klasse, die allein [also ohne Zusatz] da ist, oder wenn jede der beiden um einen Zusatz ergänzt wird und beide Klassen in der Menge voneinander abweichen. Das Erste liegt vor, wenn z. B. zwei Hohlmaßeinheiten Datteln gegen eine Hohlmaßeinheit Datteln plus einen Dirham getauscht werden. Das Zweite liegt vor, wenn z. B. zwei Hohlmaßeinheiten Datteln plus ein Kleidungsstück gegen drei Hohlmaßeinheiten Datteln plus einen Dirham getauscht werden.	ومن هذا الباب اختلافهم في جواز بيع صنف من الربويات بصنف مثله وعرض أو دنانير أو دراهم إذا كان الصنف الذي يجعل معه العرض أقل من ذلك الصنف المفرد، أو يكون مع كل واحد منهما عرض والصنفان مختلفان في القدر، فالأول: مثل أن يبيع كيلين من التمر بكيل من التمر ودرهم، والثاني: مثل أن يبيع كيلين من التمر وثوب بثلاثة أكيال من التمر ودرهم،
Rn. 42	Mālik, aš-Šāfiʿī und al-Layṯ [ibn Saʿd, gest. 175/791] sagen, dass dies nicht zulässig ist. Abū Ḥanīfa und die Kūfīyūn sagen, dass dies erlaubt ist.	فقال مالك والشافعي والليث: إن ذلك لا يجوز، وقال أبو حنيفة والكوفيون: إن ذلك جائز.
Rn. 43	Der Grund für den Dissens ist [die Frage], ob das aus der *ribā*-fähigen Klasse, das dem Zusatz entsprechen soll, ihm im Wert gleichen muss oder ob das Einverständnis des	فسبب الخلاف هل ما يقابل العرض من الجنس الربوي ينبغي أن يكون

	Tauschpartners (*bāʾiʿ*) ausreicht. Wer von Gleichwertigkeit ausgeht, sagt: Es ist nicht erlaubt, weil darin Ungewissheit liegt, denn wenn der Zusatz nicht dem Überschuss des einen der beiden *ribā*-Gegenstände gegenüber dem anderen entspricht, ist *tafāḍul* unvermeidlich. Ein Beispiel: Wenn jemand zwei Hohlmaßeinheiten Datteln gegen eine Hohlmaßeinheit und ein Kleidungsstück tauscht, dann muss der Wert des Kleidungsstücks dem einer Hohlmaßeinheit [von Datteln] entsprechen, sonst ist *tafāḍul* unvermeidlich.	مساويًا له في القيمة، أو يكفي في ذلك رضا البائع، فمن قال الاعتبار بمساواته في القيمة قال: لا يجوز لمكان الجهل بذلك؛ لأنه إذا لم يكن العرض مساويًا لفضل أحد الربويين على الثاني كان التفاضل ضرورة، مثال ذلك: أنه إن باع كيلين من تمر بكيل وثوب فقد يجب أن تكون قيمة الثوب تساوي الكيل، وإلا وقع التفاضل ضرورة،
Rn. 44	Was Abū Ḥanīfa angeht, so reicht es für ihn in dieser [Angelegenheit] aus, dass die Tauschpartner zufrieden sind. Mālik berücksichtigt auch hier [das Prinzip] der Versperrung des Rechtsmittels (*sadd aḏ-ḏarīʿa*), denn derjenige, der das tut, kann dies als Rechtsmittel dafür verwenden, um [Waren] aus einer Klasse in Form von *tafāḍul* zu tauschen.	وأما أبو حنيفة فيكتفي في ذلك بأن يرضى به المتبايعان، ومالك يعتبر أيضا في هذا سد الذريعة؛ لأنه إنما جعل جاعل ذلك ذريعة إلى بيع الصنف الواحد متفاضلًا[.]

Textbeispiel 10: Ibn Rušd, *Bidāya*, 667[31]

31 Die Übersetzung stammt aus Kurnaz, *Tradition und Fortschreibung*, 297.

3.5 Die Ansicht eines Prophetengefährten *(qawl/maḏhab/fatwā aṣ-ṣaḥābī)*

Wird von einzelnen Prophetengefährt:innen eine Meinung tradiert, stellt sich die Frage, ob ihren Aussagen eine besondere Bedeutung und normative Wirkung zukommt. Bezeichnet wird diese Meinung als *qawl, maḏhab, fatwā* oder (selten) *ḥukm aṣ-ṣaḥābī*. Um zu entscheiden, ob man sie berücksichtigen darf, unterscheiden die Gelehrten verschiedene Konstellationen: Sind sich die Prophetengefährten in einer Sache einig, wird ihre Meinung von den Gelehrten einhellig akzeptiert, da dies ein Idschma ist. Sind sich die Gefährten in einer Sache nicht einig, stellt sich die Frage, ob man eine der beiden sich widersprechenden Meinungen auswählen darf und ob es gestattet ist, eine dritte Meinung zu entwickeln. Diesen Fall haben wir in Kapitel 2.1 zum Idschma bereits besprochen. Hier ist man sich einig darin, dass man mit Rücksicht auf die Meinung eines Prophetengefährten die Meinung eines anderen nicht für hinfällig erklären darf, sich aber für eine der beiden entscheiden kann.

Ferner kann eine Meinung eines Gefährten unter ihnen selbst berühmt geworden sein. Man hat ihm also nicht widersprochen. Umstritten ist, ob man dann von einem ›stillschweigenden Idschma‹ (*iǧmāʿ as-sukūtī*) ausgehen darf. Viele Hanafiten, Malikiten und einige Schafiiten und Hanbaliten sehen dies jedenfalls als Idschma an; einige Schafiiten und Hanafiten sind dagegen. Weitere Schafiiten werten diese überlieferte Meinung zwar nicht als Idschma, doch messen sie ihr normative Wirkung zu. Umstritten sind Meinungen der Prophetengefährten, über die wir weder wissen, ob man ihnen widersprochen noch sie bestätigt hat. In diesem Punkt ist man sich einig darüber, dass man die Meinung von Prophetengefährten zu berücksichtigen hat, wenn sie von etwas berichten, was sich der menschlichen Vernunft nicht erschließt. Hier wird angenommen, dass sie möglicherweise über Jenseitiges oder über eine gottesdienstliche Handlung indirekt vom Propheten berichten. Bekanntermaßen müssen solche Handlungen mit

Rücksicht auf den Koran oder die Aussagen des Propheten bestimmt werden, da sie keinen Rechtsgrund besitzen.

Umstritten ist dagegen der Umgang mit Meinungen von Prophetengefährt:innen im Bereich der zwischenmenschlichen Beziehungen. Die meisten Hanafiten, Malikiten, einige Schafiiten und Hanbaliten sprechen ihnen normative Wirkung zu. Als Argument beruft man sich auf Q 3:110 und 7:199 sowie auf Hadithe, die über die besondere Stellung der Prophetengefährt:innen berichten. Ferner nehmen die Gelehrten an, dass die Prophetengefährt:innen die Offenbarung, das Offenbarungsgeschehen und die prophetische Tradition am besten kennen. Entsprechend wird ihren Meinungen eine herausgehobene Stellung zugesprochen. Man nimmt an, dass es eine Wahrscheinlichkeit gibt, dass die Meinung des Gefährten sich auf eine Sunna des Propheten stützt.

Viele Schafiiten und Hanbaliten sind dagegen, dem *qawl aṣ-ṣaḥābī* eine normative Wirkung zuzusprechen. Für sie ist die Meinung von Prophetengefährt:innen wie jede andere Meinung eines *muǧtahids*. Prophetengefährt:innen könnten ihrer Auffassung nach wie jeder andere Mensch auch Fehler machen. Daher müsse man mit ihren Meinungen kritisch umgehen und sich eher auf die Sunna des Propheten oder den *qiyās* berufen. Sollte die Meinung eines Gefährten dem *qiyās* widersprechen, wird sie, im Gegensatz zu den Befürwortern, nicht akzeptiert.

Erkennt man die Meinung der Prophetengefährt:innen als ein gültiges Argument an, kann sie einem kollidierenden *qiyās* vorgezogen werden. Sie kann ferner in den Spezifikationsprozess (also in der Besprechung der Frage, ob eine allgemeine Aussage eingeschränkt werden muss)[32] einbezogen, als Entscheidungskriterium für kollidierende Hinweise angeführt oder als Erklärung für unklare Aussagen in Koran und Sunna berücksichtigt werden.

32 Für die Spezifikation siehe Band IV, Kapitel 2.3.

3.6 Gewohnheitsrecht *(ʿurf)*

Das Gewohnheitsrecht (*ʿurf*), oder allgemeiner die Gewohnheit, wird im Rahmen der Rechtsfindung auf unterschiedlichem Wege berücksichtigt. Daher kann man in den frühen *uṣūl al-fiqh*-Werken keine theoretische Aufarbeitung dazu finden, wie es der Fall für die vorher in diesem Band beschriebenen Quellen ist.

Die frühesten systematischen Einträge zum Gewohnheitsrecht finden wir im 7./13. und 8./14. Jahrhundert sowohl in *uṣūl al-fiqh*-Werken als auch in der Literatur zu Rechtsprinzipien (*qawāʿid fiqhīya*). In der rechtspraktischen Literatur kommt *ʿurf* ebenfalls vor, wird aber oft abweichend bezeichnet. Zu den alternativen Begriffen in der Literatur gehört *ʿāda* (Sitte, Brauch). Zwar wird *ʿāda* von *ʿurf* unterschieden (nicht jeder Brauch ist auch Gewohnheitsrecht), sie werden aber oft synonym verwendet.

Ein weiterer Alternativbegriff ist der in den hanafitischen Quellen zu findende Begriff *taʿāmul* (der auch in ihren *uṣūl*-Werken vorkommen kann). Dieser beschreibt die kontinuierliche Praxis der Muslim:innen seit den Lebzeiten des Propheten, seiner Gefährten und der Nachfolgergeneration, die daher wie eine Art stillschweigender Idschma (*iǧmāʿ sukūtī*) betrachtet wird. Solche Tendenzen, etablierte Praktiken nicht einfach als *ʿurf*, sondern als Idschma zu markieren, haben wir oben in Textbeispiel 8 von al-Kāsānī gesehen. Dass hier kein Idschma im technischen Sinne vorliegt, sehen wir in der Diskrepanz zur Definition von Idschma. Die Praxis der Medinenser, die die Malikiten besonders berücksichtigen, wird ähnlich als eine Art des *ʿurf* verstanden. Unter den Malikiten wird auch der Begriff *ʿamal* (Handlung) bzw. *mā ǧarā bi-hi l-ʿamal* (›wodurch Handlung zustande kamen‹) als eine Erscheinung der Berücksichtigung des *ʿurf* verstanden. Sie war unter maghrebinischen Malikiten geläufig. Dieser Begriff umfasst Entscheidungen malikitischer Gelehrter für eine unwahrscheinliche Lösung gegenüber der etablierten malikitischen Praxis (also der bekannten [*mašhūr*] oder vorzüglichen [*rāǧiḥ*] Meinung).

Insgesamt lassen sich die meisten Fälle der Berücksichtigung des *ʿurf* in tatsächlich erteilten Urteilen und ausgestellten Gutachten wiederfinden. Diese tatsächlichen Fälle werden als *nawāzil* (unter Malikiten), *fatāwā* und *wāqiʿāt* bezeichnet. Sie werden auch in Gerichtseinträgen bzw. -dokumenten (*siǧillāt, šurūṭ*) festgehalten. Die *furūʿ al-fiqh*-Werke, die nicht unbedingt auf die wirkliche Rechtspraxis abzielen, sondern einen Idealzustand beschreiben, beinhalten aber auch viele Fälle, die man als Berücksichtigung des *ʿurf* einordnen kann. Oft werden in dieser rechtspraktischen Literatur mit Rücksicht auf Bräuche und das Gewohnheitsrecht Entscheidungen getroffen, ohne dass sie terminologisch markiert werden.

Weitere Termini, die auf das Gewohnheitsrecht hinweisen, sind *ḥāǧa* (›Bedürfnis‹, siehe oben in Textbeispiel 8) und ›konventionelle Annahmen‹ (*iʿtiqādāt ʿurfīya*), also die soziale Wirklichkeit. Letzteres kommt nicht oft vor, aber es sind einige Fälle in der Literatur zu finden, die sich dieses Begriffs bedienen. Dazu möchte ich ein Textbeispiel anführen. Das Textbeispiel ist ein Auszug aus dem *Taḫrīǧ al-furūʿ ʿalā l-uṣūl* des schafiitischen Gelehrten Šihāb ad-Dīn az-Zanǧānī (gest. 656/1258). Er widerspricht der Auffassung, dass man bei einer Sach- oder Personenmiete, in der man einen Nutzen erwirbt, davon ausgeht, dass etwas verkauft wird, was nicht existiert. Denn Nutzen ist der Auffassung einiger Gelehrten nach eine in jedem Moment neu entstehende und zerfallende Akzidenz und somit kein existierender Gegenstand. Nach den Hanafiten kann er daher nicht als Verkaufsgegenstand gewertet werden. Im Rahmen der Frage danach, ob der Nutzen, den man von einem usurpierten Gegenstand hatte, als Schadensersatz kompensiert werden muss und der Besitzer Schadensersatz vom Usurpator verlangen darf, sagt az-Zanǧānī repräsentativ für die Schafiiten Folgendes:

Textbeispiel 11: Gewohnheitsrecht

Rn. 45	Wir sagen: Diese [Meinung] wäre korrekt, wenn wir auf [rationale] Wahrheiten blicken und dem Weg des Räsonierens folgen würden.	ونحن نقول: هذا مسلم إذا نظرنا إلى الحقائق وسلكنا طريق النظر.
Rn. 46	Doch baut die Scharia nicht auf rationalen Wahrheiten auf, sondern auf konventionellen Überzeugungen. Das, was sie als nichtexistent erwähnen, ist nach der Gewohnheit und der Offenbarung ein [existierendes] Gut.	ولكن الأحكام الشرعية غير مبنية على الحقائق العقلية، بل على الاعتقادات العرفية، والمعدوم الذي ذكروه، مال عرفاً، وشرعاً،
Rn. 47	Die Bewertung der Offenbarung[33] und der Gewohnheit überwiegt in [der Herleitung von] Regelungen.	وحكم الشرع والعرف غالب في الأحكام.
Rn. 48	Die Offenbarung hat bereits festgelegt, dass der Nutzen existiert und im Mietvertrag mit Entgelt beglichen wird. Daher gelten für Mietverträge die Regelungen für reguläre Austauschgeschäfte; für den Nutzen gilt die Bewertung als [verkaufsfähiges] Gut.	والشرع قد حكم بكون المنفعة موجودة مقابلة بالأجرة في عقد الاجارة وأثبتت الإجارة أحكام المعاوضات المحصنة، وأثبتت للمنفعة حكم المال.
Rn. 49	Die Gewohnheit bestimmt, dass wenn jemand ein Haus im Besitz hat und darin (eine Zeit lang) wohnt, den [sich darin befindenden] Nutzen verbraucht [d. h. ihn in Anspruch genommen hat].	والعرف يقضي بأن من أثبت يده على دار وسكنها [مدة] أنه يفوّت منافعها.

Textbeispiel 11: az-Zanǧānī, *Taḫrīǧ*, 226

33 *Aš-Šarʿ* bedeutet hier möglicherweise ›Offenbarung‹; es ist ein ambiges Wort und kann daneben ›Gesetzgeber‹ (*šāriʿ*) und ›Scharia‹ bedeuten.

Aus diesen im Textbeispiel genannten Gründen nimmt az-Zanǧānī an, dass der Nutzen von usurpierten Gegenständen kompensiert werden muss, da der eigentliche Besitzer ihn für eine bestimmte Zeit nicht selbst in Anspruch nehmen konnte. Der Nutzen wurde usurpiert, daher soll auch der dadurch entstandene Schaden ersetzt werden.

Wir sehen, dass die Gelehrten unter verschiedenen Vorzeichen den Brauch und das Gewohnheitsrecht in ihrer Herleitung von Normen berücksichtigen. Besonders in modernen Einführungswerken wird *ʿurf* als eine Rechtsquelle betont; die systematischste Auseinandersetzung sehen wir aber früher beim Hanafiten Ibn ʿĀbidīn (gest. 1252/1836) in seiner *risāla* mit dem Titel *Našr al-ʿarf fī bināʾ baʿḍ al-aḥkām ʿalā l-ʿurf*. Begründet wird die Berücksichtigung mit Bezug auf Q 7:199. Ferner werden Hadithe erwähnt, wie z. B. der o. g. Hadith, dass das, was die Muslim:innen für gut halten, Gott auch für gut befindet. Ferner wird betont, dass das islamische Recht offensichtlich vieles aus altarabischer Tradition übernommen hat, wie etwa an der Eheschließung und Scheidung, an verschiedenen Vertragstypen sowie Strafen zu sehen ist. Manches davon wurde revidiert, manches für nichtig erklärt, manches sogar vollständig übernommen. Auch reagiere der Prophet auf den Brauch der Menschen, wie wir oben in den Beispielen zum *istiḥsān* wie z. B. den Terminkauf gesehen haben.

Insgesamt lässt sich beobachten, dass Hanafiten und Malikiten *ʿurf* verstärkt berücksichtigen. Größere Skepsis gegenüber *ʿurf* wird den Hanbaliten und Schafiiten attestiert. Dass aš-Šāfiʿī selbst nach *ʿurf* geurteilt hat, sehen wir in dem Umstand, dass er seine ›alten Meinungen‹ (sog. *al-qawl al-qadīm*) nach seinem Umzug nach Ägypten revidiert hat (das sind seine ›neuen Meinungen‹, *al-qawl al-ǧadīd*). Er passte damit seine Auffassung den neuen Anforderungen seines Umfelds an. Insgesamt lässt sich beobachten, dass die Gelehrten *ʿurf* nicht unabhängig von anderen Quellen und Methoden denken, sondern z. B. in den Prozess des *istiḥsān* und *istiṣlāḥ* integrieren, ja sogar bei der Auslegung der autoritativen Texte selbst berücksichtigten. Letzteres gilt insbesondere für Sprachkonventionen. Daher war es lange Zeit in den *uṣūl al-fiqh* nicht notwendig, *ʿurf* gesondert zu besprechen.

Da *ʿurf* aber (schon immer) Teil der Normderivation war, wurden Rechtsprinzipien formuliert, die ihn zum Gegenstand hatten. Ein

ʿurf-Prinzip gilt als eines der fünf Hauptprinzipien des islamischen Rechts. Seine konkrete Umsetzung sahen wir oben bei az-Zanǧānī. Das Prinzip lautet: »Die Gewohnheit ist bestimmend« (*al-ʿāda muḥakkama*). Viele *ʿurf*-bezogene Prinzipien haben es geschafft, Teil des *Mecelle-i aḥkām-ı ʿadlīye* zu werden (so etwa die Artikel 36–45). Die *Mecelle* ist die osmanische Kodifikation von Teilen des islamischen Rechts in den Jahren 1868–1876, die in vielen muslimischen Ländern gegolten hat. Dazu gehören Prinzipien wie z. B., dass weitverbreitete Bräuche berücksichtigt werden müssen, dass was nach der Gewohnheit als unmöglich gilt, auch so angenommen werden soll, dass die Änderungen der Umstände Normänderungen zur Folge haben und dass die wörtliche Bedeutung einer Aussage durch die sprachkonventionelle Bedeutung verdrängt wird.

Schon die beispielhaft angeführten Prinzipien zeigen, dass es verschiedene Arten von *ʿurf* gibt. Kategorisiert wird *ʿurf* nach Sprachkonventionen und Handlungskonventionen. Beide können allgemein oder speziell sein. Beschränkt sich eine Konvention nicht auf eine bestimmte Gruppe, so ist sie allgemein. Dazu gehört etwa die Zahlung von Brautgeld (*mahr*): Man darf einen Teil sofort zahlen (das ist das *mahr muʿaǧǧal*) und einen Teil später (das ist das *mahr muʾaǧǧal*). Ein weiteres Beispiel ist der Besuch eines Badehauses: Es wird beim Besuch weder die Wassermenge noch die Aufenthaltsdauer festgelegt. Auch die Dauer der Lagerung, nach der eine Ware als lagerfähiges Gut gilt, wird nach der Gewohnheit bemessen. Sie hat direkte Auswirkungen auf die Ermittlung *ribā*-fähiger Güter, wie wir in Textbeispiel 4 gesehen haben. Dasselbe gilt für die Feststellung von Mess-, Wieg- und Werteinheiten: Nach welchen Kriterien wird festgestellt, ob eine Ware im Hohlmaß gemessen, gewogen oder in Stückzahl verkauft wird? Bezieht man sich auf bestehende Überlieferungen, die die Praxis des Propheten beschreiben (was ja auch ein bestimmter Brauch war), oder auf die gewöhnliche Praxis der Menschen des jeweiligen Ortes als eine natürliche Änderung der Sitten und Bräuche? All dies ist in der vormodernen Literatur umstritten.

Ein Beispiel für spezielle Handlungskonventionen ist die schriftliche Registrierung von Schuldverhältnissen unter Händlern, ohne sie von Zeugen bezeugen zu lassen. Vor Gericht werden diese Aufzeichnungen als Beweise akzeptiert. Damit korreliert unsere Praxis: Wenn jemand beim Elektrohändler einkauft und den Einkauf finanzieren lässt, reicht seine Unterschrift für die Kreditvereinbarung aus. Den Vertrag müssen Zeugen nicht noch einmal bestätigen.

Eine allgemeine Sprachkonvention liegt vor, wenn die Menschen z. B. unter einem Reittier (*dābba*) Esel, Pferd und Maultier verstehen. Wenn man also schwört, kein Reittier mehr zu reiten, so bricht man diesen Schwur nicht, wenn man einen Elefanten reitet. Entsprechend wird dann keine Sühne (*kaffāra*) fällig, da kein Schwurbruch vorliegt. Spezielle Sprachkonventionen liegen auch dann vor, wenn bestimmte Wörter als *terminus technicus* in einer Wissenschaftsdisziplin verwendet werden, wie etwa das Wort *ʿaraḍ* als Akzidenz im philosophischen Sinn. Betrachten wir ein alltägliches Beispiel: Wenn jemand vom »verpassten Strafstoß von FC Bayern« spricht, dann dürfen wir nicht darunter verstehen, dass FC Bayern etwa eine Strafe ›verpasst‹ habe. Im Kontext von Fußball bedeutet es, dass ein Spieler vom FC Bayern im Ballbesitz im Sechzehnmeterraum der gegnerischen Mannschaft regelwidrig zu Fall gebracht worden ist. Die regelwidrige Tat wird mit einem Strafstoß im Sechzehnmeterraum bestraft: Aus einer Entfernung von 11 Metern schießt ein Spieler des FC Bayern ungestört direkt auf das Tor des Gegners, das vom Torwart der gegnerischen Mannschaft verteidigt wird. Kein Fußballfan würde die Aussage im wörtlichen Sinne verstehen, sondern im Rahmen der Konventionen des Fußballs. Gleiches gilt für rechtsrelevante Fälle. Rechtsbegriffe oder spezielle Sprachkonventionen dürfen nicht in ihrer wörtlichen Bedeutung verstanden werden. Das wäre genauso absurd wie das FC-Bayern-Beispiel.

Kommen wir zurück zur Herleitung von Normen aus dem Gewohnheitsrecht. Es darf nicht vergessen werden, dass sich bei der Veränderung eines Brauches die Norm entsprechend ebenfalls ändern muss. Stirbt der Brauch aus, entfällt auch die Norm, die darauf basiert. Nicht jede Gewohnheit darf dagegen berücksichtigt werden, bspw. weil sie Einzelbestimmungen der Scharia oder ihren Grundsätzen widerspricht. Dass Alkoholkonsum oder Zinsverträge in der Gesellschaft zur Gewohnheit werden, spricht ihnen keine Gültigkeit im Sinne von *ʿurf* zu. Nicht selten werden diese Grenzen für Restriktionen überstrapaziert, indem etwa bemängelt wird, dass man Festlichkeiten ohne Geschlechtertrennung organisiert. Dahinter stehen bestimmte sozio-kulturelle Vorstellungen über Geschlechterrollen, an denen man sich bei der Bewertung solcher Fälle orientiert, jedoch impliziert, diese Regelungen seien religiös begründet. Das o. g. Kriterium des nicht erlaubten Widerspruchs zu Einzelbestimmung oder Grundsätzen der Scharia kann auch Extremfälle verhindern, die sich in bestimmten Gesellschaften als verbreitete Praxis etablierten, wie etwa der Ausschluss von Frauen vom Erbe oder die Legitimation von Ehrenmorden. Letzterer steht islamrechtlichen Grundsätzen diametral entgegen.

Insgesamt lässt sich beobachten, dass die Gelehrten mit Rücksicht auf Sitten, Bräuche und Gewohnheiten versuchen, das Recht flexibel zu gestalten und es den Bedürfnissen der Menschen anzupassen. Um aber die Einbindung des *ʿurf* zu kontrollieren und nicht jede Art von (überliefertem) Brauch zuzulassen – was sogar die Auslegung der religiösen Referenztexte beeinflussen kann –, haben die Gelehrten *ʿurf* u. a. in Methoden wie *istiḥsān* und *istiṣlāḥ* eingebunden und dafür Kriterien formuliert.

Heute wird die Gewohnheit der Menschen sowohl unter traditionell orientierten als auch unter reformorientierten Gelehrten befürwortet, da beide in ihm eine Chance sehen, das islamische Recht zu aktualisieren – natürlich in unterschiedlichem Maße. Besonders gut lässt sich dies anhand der Entwicklung des Minderheitenrechts (*fiqh al-aqallīyāt*) sehen. Trotz verschiedener Ausprägung dieses Rechts können wir zusammenfassend sagen, dass es die besondere Situation der Muslim:innen in mehrheitlich nichtmuslimischen Gesellschaften berücksichtigt. Es werden Regelungen speziell für sie formuliert und bestehende revidiert. In diesem Rahmen betonen die Gelehrten die Gewohnheit als eine wichtige Quelle. Nicht selten führt man diesen Gedanken fort und führt vor allem die Lebensrealität der Menschen ins Feld, an der sich die Gültigkeit bestehender Regelungen sowie die Etablierung neuer zu bemessen haben.

3.7 Das Recht früherer Religionen *(šarʿ man qablanā)*

In Textbeispiel 9 haben wir ein Argument gesehen, das al-Kāsānī als ›das Recht der Vorherigen‹ (*šarāʾiʿ man qablanā*) bezeichnet. Es stellt die Frage, inwiefern Regelungen aus Tora und Bibel für Muslim:innen ausschlaggebend ist. Diese Frage kommt deswegen auf, weil der Koran die vorherigen Offenbarungsschriften bestätigt und sich auf sie beruft. Dieser Grundsatz ist aber nicht unproblematisch, denn es wird angenommen, dass der Koran vorherige Religionen abrogiert. Passagen im Koran, die sich zur Abrogation (*nasḫ*) äußern, werden auf diese Weise gedeutet. Damit wird klar, dass rechtliche Vorschriften aus dem Recht ›der Vorherigen‹ nur dann normative Wirkung haben, wenn die autoritativen Texte Koran und Sunna sich auf sie beziehen. Man darf sich nicht direkt auf andere Offenbarungsschriften berufen. Berichtet eine Sunna oder ein Koranvers über alte Praktiken, dann können sie nach den Befürwortern des *šarʿ man qablanā* in die Norm derivation einbezogen werden. Bedingt wird allerdings, dass der Koran sie nicht für abrogiert erklärt. Damit wird gezeigt, dass das islamische Recht die Offenbarungstradition fortführt. Dies aber erfordert eine Widerspruchslosigkeit.

Es gibt durchaus Praktiken, die der Koran selbst als eine Fortführung früherer Anordnungen versteht, etwa das Fasten, das auch für andere Religionstraditionen eine Verpflichtung darstellt (vgl. Q 2:184). Sofern es weder eine Bestätigung noch eine Widerlegung wie in Q 6:146 gibt, wird darüber diskutiert, ob solche Passagen ein gültiges Argument für die Herleitung von Normen sind. Argumentiert wird für die Zulässigkeit u. a. mit Bezug auf Q 6:90, 10:94 16:123 und 42:13. Ferner habe sich der Prophet auf Q 20:14 berufen, eine Stelle, die eine Ansprache an Moses sei (»Verrichte das Gebet, mir zum Gedenken!«). Er habe dadurch bestimmt, dass man das Gebet nachholen soll, wenn man die Gebetszeit verschlafen habe. Die Befürworter leiten Normen in diesem Sinne von Q 26:155 und 54:28 ab, womit der

Vertragstyp *muhāya'a* begründet wird. Es geht dabei um die Feststellung des Umgangs mit einem Besitz, den sich mindestens zwei Eigentümer teilen.

Die Widersacher berufen sich dagegen auf Q 5:48 und solche Überlieferungen, die kritisch gegenüber jüdisch-christlichen Praktiken und Vorstellungen sind. Auch der oben angeführte Abrogationsgedanke spielt eine Rolle. Zu den Befürwortern werden Hanafiten, Malikiten, einige Schafiiten und Hanbaliten gezählt. Unter den Kritikern befinden sich Schafiiten, Hanbaliten, Zahiriten, Mutaziliten und Schiiten. Die praktische Relevanz des *šarʿ man qablanā* ist gering.

Zusammenfassung

Die Gelehrten sind bemüht, innerhalb der von ihnen gesetzten erkenntnistheoretischen und hermeneutischen Grenzen – also dem Aufruf dazu, sich stets auf Koran und Sunna zu beziehen – der Gestaltung des Rechts und der Herleitung von Normen Flexibilität zu verleihen. Es ist nicht möglich, nur mit Bezug auf Koran und Sunna auf neu entstehende Fälle zu reagieren oder bestehende und nicht mehr praktikable Regelungen zu revidieren. Methoden wie *istiḥsān, istiṣlāḥ*, Unterarten des *qiyās* und Quellen wie das Gewohnheitsrecht sollen die Gelehrten dazu befähigen, das Interesse der Menschen und kontextuelle Umstände im Herleitungsprozess von Normen zu berücksichtigen. Dadurch kann das Recht auf die sich verändernden Umstände reagieren und kontrollieren, ob bestehende bzw. neue Normen anwendbar sind. Daneben sind die Gelehrten bestrebt, die Methoden, die diese Flexibilität und Dynamik erlauben, zu kontrollieren, um willkürliche Auslegungen zu vermeiden. Das ist der Grund, weshalb viele unterschiedlich bezeichnete Quellen und Methoden eigentlich Bestandteile anerkannter oder weniger umstrittener Methoden sind, wie etwa *ʿurf*, das unter *istiḥsān* oder *istiṣlāḥ* fallen kann. Die Legitimität der einzelnen Sekundärquellen und Methoden soll daher auch durch Koran und Sunna gestützt werden. Denn wenn beide die Methoden legitimieren, befähigen sie den Gelehrten dazu, Normen herzuleiten. Man bleibt damit der Maßgabe treu, dass letztlich Koran und Sunna vorschreiben, was Recht ist. Viele ähnliche Schlussformen, Rechtfindungsmechanismen und Methoden werden trotz großer Ähnlichkeit unterschiedlich bezeichnet. Die innere Logik einer Methode kann hinderlich dafür sein, sie in die Methodologie der jeweiligen Rechtsschule einzubinden, wenn sie schlicht nicht anpassungsfähig genug ist. Ein anderer Grund liegt teilweise darin, dass durch bestimmte Bezeichnungen und Methoden die Grenzen der eigenen Rechtsschule markiert werden.

Kapitel 4: Schlussverfahren, Quellen und Argumente außerhalb des *uṣūl*-Genres

Neben den oben beschriebenen Methoden und Quellen gibt es weitere, die nicht in der vormodernen *uṣūl al-fiqh*-Literatur vorkommen. Die Methoden und Quellen, die ich hier thematisieren werde, sind nicht alle allgemein bekannt gewesen. Ich habe sie trotzdem aufgenommen, um auch verlorengegangene, unbekannte oder unterdrückte Stimmen zutage treten zu lassen. Einige von ihnen genießen sogar mittlerweile große Aufmerksamkeit.

Auf Entscheidungskriterien bei konkurrierenden Hinweisen und Regelungen, wie z. B. das in Kapitel 3.6 beschriebene *mā ǧarā bi-hī l-ʿamal* oder die *nawāzil-* und *fatwā*-Literatur werde ich nicht eingehen. Es wird ja mit Bezug auf sie in der Regel keine neue Norm begründet, sondern in Kollisionsfällen zu Entscheidungen verholfen.[34] Auch muss ich die sogenannten *Qānūnnāme* (arab. *Qawānīn*) bzw. *Yasaqnāme* ausschließen. Diese sind Dekrete (Sg. *fermān*) des Herrschers (wie etwa des osmanischen Herrschers Mehmed II., reg. 1444–1446 und 1451–1481) u. a. im Bereich des öffentlichen Rechts, Steuerrechts, Strafrechts und – mit modernen Begriffen – Staatsorganisationsrecht. Sie ergänzen die vom traditionellen Juristenrecht (also vom *fiqh*) offengelassenen Bereiche, woran sich die Richter orientierten. Damit sind sie auch eine Quelle des Rechts. Sie unterscheiden sich allerdings vom Gelehrten-/Juristenrecht, wie es bisher im Rahmen des *fiqh* hier vorgestellt wurde, weshalb ich sie nicht besprechen werde. Gleiches gilt

34 Siehe Band I, Kapitel 3.2.1. Dort werden Begriffe besprochen, die eine Priorisierung von konkurrierenden Meinungen innerhalb der Rechtsschulen erlauben.

für die o.g. *Mecelle-i aḥkām-ı ʿadlīye*. Ziel ist es, eine Auswahl an Quellen und Methoden zu besprechen, die in Gelehrtenkreisen berücksichtigt wurden.

4.1 Das Argument *al-ʿamal bi-š-šabahayn* unter Hanafiten

Wir haben in Kapitel 3 gesehen, dass die Gelehrten mithilfe von Grundsätzen und Rechtsprinzipien Normen herleiteten bzw. die hergeleiteten Normen begründeten. Dazu gehört unter Hanafiten ein Prinzip, das in ihren *uṣūl*-Werken bis auf wenige Ausnahmen nicht besprochen wird. Es handelt sich dabei um die Berücksichtigung von zwei vorliegenden Ähnlichkeiten (*al-ʿamal bi-š-šabahayn*) im Zielfall, um ihn in Anlehnung an die Ausgangsfälle regeln zu können, denen er ähnelt. Noch steht die Forschung dazu am Anfang. Es lassen sich nur wenige Studien dazu finden, die jedoch einige Ungereimtheiten aufweisen.[35] Dennoch machen sie auf etwas aufmerksam, was in der Sekundärliteratur zum islamischen Recht kaum bekannt ist.

Al-ʿAmal bi-š-šabahayn ist ein Vorgang, der teilweise dem *istiḥsān*, teilweise dem *qiyās* und teilweise dem Prinzip der Harmonisierung (*ǧamʿ*) von zwei sich widersprechenden Hinweisen ähnelt. Es handelt sich dabei um einen Vorgang, bei dem im Zielfall mehrere Ähnlichkeiten zur Vergleichsgrundlage gefunden werden. Anstatt sich für eine der beiden zu entscheiden, was dem *qiyās aš-šabah* gleichkäme, berücksichtigt man prinzipiell beide. Dabei dürfen die beiden *šabah* sich nicht gegenseitig ausschließen und müssen passend zur Vergleichsgrundlage sein.

Dieses Prinzip kommt eher in den *furūʿ al-fiqh*-Werken der Hanafiten vor. Angewandt wurde es wahrscheinlich bereits früh, eine Bezeichnung dafür finden wir nach jetzigem Forschungsstand aber erst

35 Meine Ausführungen zu *al-ʿamal bi-š-šabahayn* sind eine Zusammenfassung der folgenden Studien: Ḥassūna, »*al-ʿAmal bi-š-šabahayn*«; Karakuş, »*El-Amel Bi'ş-Şebeheyn*«.

im 5./11. Jahrhundert. Seine Anwendung ist vielen Rechtsbereichen belegt, ja sogar unter den gottesdienstlichen Handlungen. Dazu ein Beispiel: Es ist umstritten, ob ein totgeborenes Kind gewaschen und das Totengebet für es verrichtet wird. Nach einer Auffassung unterlässt man beides, nach einer anderen wird das Kind nur rituell gewaschen. Man ist sich zumeist einig, dass das Gebet nicht verrichtet wird. As-Saraḫsī ist der Auffassung, dass es – entsprechend der Berücksichtigung der *šabahayn* (er sagt: *fa-li-ʿtibāri š-šabahayn*) – gewaschen wird, weil das Totgeborene ein Mensch (*nafs*) ist, aber kein Totengebet für es verrichtet wird, weil es juristisch betrachtet wie ein lebloses Körperteil behandelt wird. Stirbt das Kind nach der Entbindung und kam es lebend auf die Welt, werden hingegen alle geltenden Vorschriften für Tote regulär eingehalten.[36] Also versuchen Hanafiten hier, unter Rückgriff auf Rechtsprinzipien zwei Vergleichsgrundlagen zugleich zu betrachten, um eine Norm herzuleiten.

Der Bezug auf Rechtsprinzipien beschränkt sich natürlich nicht auf die Hanafiten. Rechtsprinzipien werden von allen Rechtsschulen anerkannt, weshalb viele Werke zu ihnen entstanden sind. Diese Prinzipien und Maximen ermöglichen die Herleitung von Normen, insbesondere für Fälle, zu denen die religiösen Texte schweigen. Auf sie möchte ich nun eingehen.

4.2 Juristische Maximen und Rechtsprinzipien *(qawāʿid)*

Qawāʿid (Sg. *qāʿida*) sind Prinzipien, die als eine allgemeingültige (bzw. universale) Regel auf viele Fälle angewandt werden. Ob es sich bei *qāʿida* immer um eine universale (*kullī*) Regel handelt oder es ein Prinzip ist, das weit überwiegend bzw. regelmäßig (*aġlabī*) angewandt wird, ist unter den Gelehrten umstritten. Dieser Streit in der Definition entfacht sich an dem Umstand, dass eine *qāʿida* nicht immer auf

36 As-Saraḫsī, *al-Mabsūṭ*, II:57.

alle Fälle angewandt werden kann und man manchmal Ausnahmen machen muss. Man ist sich darin einig, dass bei bestehenden allgemeinen Prinzipien Ausnahmen zulässig sind. Dies widerspreche ihrer Eigenschaft, allgemeingültig zu sein, nicht. Insgesamt lässt sich beobachten, dass die Gelehrten induktiv vorgehen: Sie leiten von Einzelfällen ein Rechtsprinzip ab, das den gemeinsamen Nenner dieser Fälle zusammenfasst.

Die Gelehrten unterscheiden Prinzipien in *qawāʿid fiqhīya* und *uṣūlīya*. Letztere beziehen sich auf rechtsmethodische Prinzipien, die meist dazu dienen, die Auslegung der autoritativen Texte zu steuern. Dazu gehören u. a. die Werke des Schafiiten az-Zanǧānī (siehe oben Textbeispiel 10), des Schafiiten Abū Muḥammad Ǧamāl ad-Dīn al-Isnawī (gest. 772/1370) mit dem Titel *at-Taḫrīǧ al-furūʿ ʿalā l-uṣūl* und des Hanbaliten Ibn al-Laḥḥām (gest. 803/1401) mit dem Titel *al-Qawāʿid wa-l-fawāʾid al-uṣūlīya*.

Qawāʿid fiqhīya beziehen sich auf rechtspraktische Fälle. Sie spiegeln die Summe ihrer Gesamtheit wider. Diese Prinzipien sind zahlreich. Doch es gibt fünf Grundprinzipien, auf die sich die Rechtsschulen geeinigt haben und auf denen nach der Meinung der Mehrheit der Gelehrten das gesamte Recht aufbaut. Zwei von ihnen haben wir schon im Abschnitt 3.6 zum Gewohnheitsrecht kennengelernt. Die fünf Grundmaximen sind die folgenden, die sich gleichermaßen in sunnitischen (z. B. beim Schafiiten Tāǧ ad-Dīn as-Subkī, gest. 771/1370, und beim Hanafiten Zayn ad-Dīn ibn Nuǧaym, gest. 970/1563) wie schiitischen Werken (z. B. bei aš-Šahīd al-Awwal, gest. 786/1384) finden lassen:

1) Dinge bemessen sich danach, was mit ihnen bezweckt wird (*al-umūr bi-maqāṣidihā*).
2) Zweifel kann Gewissheit nicht aufheben (*al-yaqīn lā yazūlu bi-š-šakk*).
3) Bedrängnis zieht Einfachheit nach sich (*al-mašaqqa taǧlib at-taysīr*).

4) Schaden wird behoben
(*aḍ-ḍarar yuzāl*).
5) Die Gewohnheit ist bestimmend
(*al-ʿāda muḥakkama*).

Prinzipien können auch spezifisch sein und sich auf einen oder einige wenige Rechtsbereiche beziehen. Oft sprechen die Gelehrten dann von *fawā'id* (Sg. *fā'ida*) oder *ḍawābiṭ* (Sg. *ḍābiṭ*), auch von *qawāʿid ḫāṣṣa,* also spezifischen Prinzipien. Es kommt vor, dass *ḍābiṭ* und *qāʿida* gleichbedeutend verwendet werden. Damit können *qawāʿid* übergeordnete Maximen, Grundsätze, Prinzipien, Regeln, ja sogar eine Definition oder Kategorisierung sein. Beispiele dazu werde ich nach einer kurzen Entstehungsgeschichte anführen.

Die Werke, die diese juristischen Maximen und Prinzipien beinhalten, tragen neben dem Element *al-qawāʿid* oft *al-ašbāh wa-n-naẓā'ir* und *al-furūq* im Titel. *Al-Ašbāh wa-n-naẓā'ir* sind Werke, die gleiche Fälle unter einer Regel zusammenfassen (also die *qawāʿid fiqhīya*) sowie Fälle mit Ähnlichkeiten zusammentragen und sie daher auf ähnliche Regeln zurückführen, die jedoch anders bewertet werden können. Der arabische Titel solcher Werke gibt beide Aspekte wieder: das Zusammentragen gleicher und ähnlicher Fälle. Letzteres wird auch mit dem Terminus *furūq* oder auch *al-ǧamʿ wa-l-farq* wiedergegeben. *Furūq*-Werke beziehen sich also auf Fälle, die sich zwar ähneln, aber aufgrund bestimmter Faktoren unterschiedlich bewertet werden müssen. Al-Qarāfī weitete dies aus und machte neben den Unterschieden in den Rechtsfällen auch auf Unterschiede innerhalb der Prinzipien aufmerksam, indem er diese zusammentrug und gegenüberstellte. Das gab der *furūq*-Literatur eine neue Qualität.

Wir haben bereits oben bei *istiṣḥāb* (Kapitel 3.3) gesehen, dass die Gelehrten sich schon früh auf Maximen und Rechtsprinzipien für die Herleitung und Begründung von Normen berufen haben. In frühen rechtspraktischen Werken wurden solche Prinzipien oft berücksichtigt, aber nicht gezielt zusammengetragen oder systematisch besprochen. Im 4./10. Jahrhundert können wir Werke finden, die als erste Schritte in diese Richtung gewertet werden können. Dazu gehören die Schriften des Hanafiten ʿUbaydallāh ibn al-Ḥasan al-Karḫī (gest.

340/951, *al-Uṣūl*) und des Malikiten Abū ʿAbdallāh Muḥammad al-Ḫušanī (gest. 361/971, *Uṣūl al-futyā fī l-fiqh ʿalā maḏhab al-Imām Mālik*). Vor ihnen wird noch der Hanafit Abū Ṭāhir ad-Dabbās (gest. im 4./10. Jahrhundert) genannt, der sich mit Prinzipien befasst habe. Unter dem Titel *Taʾsīs an-naẓar* wird ein weiteres hanafitisches Rechtswerk zu den Rechtsprinzipien erwähnt. Dieses wird zum einen auf Abū l-Layṯ as-Samarqandī (gest. 373/983) und zum anderen auf Abū Zayd ad-Dabūsī (gest. 430/1039) zurückgeführt und sogar teilweise als zwei unabhängige Werke genannt.

Noch bis ins 7./13. Jahrhundert hinein benutzte man das Wort *aṣl*, Pl. *uṣūl*, für Rechtsprinzipien, wie wir bei Yaḥyā ibn Šaraf an-Nawawī (gest. 676/1277) sehen. Unbekannt ist der Begriff *qawāʿid* aber nicht: Ibn Rušd widmet sein Werk *Bidāyat al-muǧtahid* (kurz: *Bidāya*) der Entdeckung von Rechtsprinzipien, mit Hilfe derer man Normen herleiten soll. Für Rechtsprinzipien verwendet er Begriffe wie *uṣūl*, *qawāʿid* und *qānūn*.[37] Entsprechend ordnet al-Qarāfī in seinem *al-Furūq* Ibn Rušds Buch den Werken zu, die sich mit den *qawāʿid* befassen. Er selbst macht – wie Ibn Rušd – auf die Wichtigkeit von Rechtsprinzipien aufmerksam, die die gesamte Rechtsliteratur durchfließen.[38] Im 6./11. Jahrhundert ist noch ein weiteres Werk mit dem Titel *Qawāʿid* bzw. *Kitāb al-Iʿlām bi-ḥudūd qawāʿid al-Islām* des andalusisch-malikitischen Gelehrten al-Qāḍī ʿIyāḍ (gest. 544/1149) bekannt. Dieses Werk beschäftigt sich aber mit den Säulen des Islams und ist kein Buch der Rechtsprinzipien im hier verwendeten Sinne.

Im 7./10. Jahrhundert ist der Begriff *qawāʿid* im Sinne von Rechtsprinzipien z. B. im Titel des *Qawāʿid al-aḥkām fī iṣlāḥ al-anām* des schafiitischen Gelehrten ʿIzz ad-Dīn ibn ʿAbd as-Salām (gest. 660/1262), der zugleich der Lehrer von al-Qarāfī ist, zu finden. Ibn ʿAbd as-Salām diskutiert dort aber nicht Rechtsprinzipien an sich, sondern ist bestrebt zu zeigen, dass das gesamte Recht auf dem Prinzip ›das

37 Kurnaz, *Tradition und Fortschreibung*, 63 und 284.

38 Kurnaz, *Tradition und Fortschreibung*, 346 f.

Nützliche ist herbeizuführen und das Schädliche abzuwehren‹ (wörtl. *ǧalbu maṣāliḥi d-dārayni wa-darʾu mafāsidihimā ʿalā ẓ-ẓunūn*) basiert.

Unter einem ganz anderen Titel, und zwar *al-Aśbāh wa-l-naẓāʾir*, begannen Gelehrte wie Tāǧ ad-Dīn as-Subkī (gest. 771/1370) – ein Vorläufer ist Ibn al-Wakīl (gest. 716/1317), der ein Werk mit demselben Titel geschrieben hat – Rechtsprinzipien und juristische Maximen zusammenzutragen und sie zu systematisieren. Im selben Jahrhundert sind rechtsschulübergreifend mehrere Werke entstanden, die alle den Titel *Qawāʿid* trugen, dazu gehören *al-Qawāʿid* des Malikiten Abū ʿAbdallāh al-Maqqarī (gest. 758/1357), *al-Maǧmūʿ al-muḏhab fī qawāʿid al-maḏhab* des Schafiiten Ḫalīl ibn al-Kaykaldī al-ʿAlāʾī (gest. 761/1359) und *Taqrīr al-qawāʿid wa-taḥrīr al-fawāʾid* des Hanbaliten ʿAbd ar-Raḥmān ibn Raǧab (gest. 795/1393).

Wir können also ab dem 6./10. Jahrhundert beobachten, dass die Gelehrten sich unter Titeln wie *al-Aśbāh wa-n-naẓāʾir*, *al-Qawāʿid* und *al-Furūq* intensiv mit den juristischen Maximen und Rechtsprinzipien systematisch befassten.[39] Besonders reich ist die schafiitische Literatur, was die Rechtsprinzipien anbelangt. In der Literatur wird betont, dass *furūq*-Werke, die ungeachtet der Rechtsprinzipien sich auf rechtspraktische Fälle bezogen haben, welche sich ähneln, aber unterschiedlich bewertet werden, mit dem 4./10. Jahrhundert ebenfalls früh belegt sind.[40] Einen interessanten Bereich machen Rätsel (*alġāz*) aus, die u. a. in einigen *al-aśbāh wa-n-naẓāʾir*-Werken erwähnt werden. Sie stellen einen Anwendungsbereich dar, in dem die Juristen ihre argumentativen Fähigkeiten zeigen können, so auch die Rechtskniffe (*ḥiyal*).[41]

Das Bedürfnis danach, das vorhandene Recht nach juristischen Maximen und Rechtsprinzipien zu ordnen, erwuchs nicht zuletzt daraus, dass die Literatur zur Rechtspraxis und den Grundlagen des Rechts

39 Meine folgenden Ausführungen basieren auf Heinrichs, »*Qawāʿid*«; Musa, »Legal Maxims«; al-Bāḥusayn, *al-Qawāʿid al-fiqhīya*; Saba, *Harmonizing Similarities*; Oberauer, »Die Tiefenstruktur des Rechts«.

40 Özen, »Furûk«; Saba, *Harmonizing Similarities.*

41 Für eine Übersicht über *furūq*-Werke und die Funktion von Rätseln siehe Saba, *Harmonizing Similarities.*

(*uṣūl al-fiqh*) immer ausgefeilter wurde. Insbesondere das Studium der *uṣūl al-fiqh* wurde schwieriger, da theologische, linguistische und methodische Themen zusammentrafen. Vielen wurde dadurch der Zugang zu dieser Disziplin erschwert. In der rechtspraktischen Literatur nahm die Zahl der beschriebenen Fälle ebenfalls exponentiell zu. Um die Komplexität zu durchbrechen und die Fälle zusammenzufassen, hat man sich auf die *qawāʿid* konzentriert. Oberauer sieht daher in den *qawāʿid* ein wissensorganisatorisches Anliegen verwirklicht und misst diesen Werken einen didaktischen Wert zu.[42] Die *qawāʿid* sollen das Studium für die angehenden Juristen vereinfachen und ihnen eine Übersicht verschaffen.

Hinzu kam, vielleicht als Folge des sich so stark vermehrenden Materials, dass die meisten Juristen nicht selbstständig Normen herleiten konnten. Sie wussten zudem nicht genau, auf welchen Prinzipien die einzelnen Rechtsbestimmungen und -normen basieren, die sie im Studium kennengelernt haben. Viele Gelehrte, die Werke zu den Rechtsprinzipien geschrieben haben – von Andalusien (Ibn Rušd) bis nach Syrien (as-Subkī) –, beschweren sich über diesen Umstand oder machen zumindest darauf aufmerksam. Mit den Worten Ibn Rušds: Mithilfe der Rechtsprinzipien sollen die Juristen neue Fälle regeln. Sie sollen sich nicht nur mit dem begnügen, was sie aus der rechtspraktischen Literatur auswendig gelernt haben, denn mit dem bloßen Auswendiglernen könne man an unüberwindbare Grenzen stoßen. Erlerne man jedoch die Prinzipien, sei man für alle Fälle gut gewappnet.[43]

Die Gelehrten sollen also im weitesten Sinne Idschtihad betreiben, der durch die allgemeinen und spezifischen Rechtsprinzipien kontrolliert werden soll. Im Grunde genommen sollen die Juristen dazu befähigt werden, die Fälle, die ihnen begegnen, den Rechtsprinzipien zuzuordnen und sie mittels Subsumtion zu regeln. Man darf sich aber nicht unmittelbar auf die o. g. 5 Hauptprinzipien beziehen (siehe

42 Oberauer, »Die Tiefenstruktur des Rechts«, 166. Darauf macht auch Musa, *Maxims*, 359 f., aufmerksam.

43 Kurnaz, *Tradition und Fortschreibung*, 44.

oben). Sie sind keine unabhängige Quelle, da sie alle von der Rechtstradition abstammen und induktiv ermittelt wurden. Man darf sich nicht allein auf sie verlassen, weil es immer Ausnahmefälle geben kann, die man mit Hilfe von bestehenden, überlieferten Rechtsmeinungen oder mit Rücksicht auf spezielle Rechtsprinzipien lösen, ja sogar einen eigenständigen Idschtihad ausüben muss.

Aufgrund der Gefahr, dass ähnlich anmutende Fälle bei näherer Betrachtung doch unterschiedlich sein können, werden solche Fälle in *qawāʿid*-Werken ebenfalls besprochen. Daher dürfen sich auch nicht alle Juristen auf Prinzipien beziehen, sondern nur gut ausgebildete. Das schwächt ihre Bedeutung aber nicht ab; ganz im Gegenteil nehmen sie eine wichtige Rolle in der Rechtsfindung ein. Nicht selten kommen *qawāʿid* im *qiyās*-Vorgang zum Einsatz, um die Ähnlichkeit zwischen dem Ausgangs- und dem Zielfall zu ermitteln. Und nicht umsonst betonen die meisten Autoren der *qawāʿid*-Werke ihre Wichtigkeit. Wir dürfen auch nicht vergessen, dass diese juristischen Maximen und Rechtsprinzipien bestehende Auffassungen noch einmal rechtsdogmatisch sowie rechtsmethodisch begründen sollten.

Die *qawāʿid* erfüllen damit unterschiedliche Funktionen: Sie können wie die 5 grundlegenden Maximen sein (Meta-Maximen)[44], die jeweils Sub-Maximen haben. Beispielsweise hat die Meta-Maxime ›Schaden wird behoben‹ (*aḍ-ḍarar yuzāl*) die Sub-Maxime ›Die Notwendigkeiten erlauben [den Vollzug] verbotene[r] Handlungen‹ (*aḍ-ḍarūrāt tubīḥ al-maḥẓūrāt*). Sie können aber auch ein übergeordnetes Prinzip bzw. eine Regel sein und so viele Fälle zusammenfassen (Oberauer nennt sie »rationale« Maximen, da sie die Ratio von Fällen zusammentragen[45]). Daneben können sie die Funktion einer Definition übernehmen oder einen Aufzählungscharakter haben. Dazu gehört etwa das Prinzip, wonach es sieben Gründe gibt, die zur Auflösung zustande gekommener Verträge führen können (darunter z. B. das

44 Oberauer, »Die Tiefenstruktur des Rechts«, 158. Das Beispiel im nächsten Satz stammt aus derselben Belegstelle.

45 Oberauer, »Die Tiefenstruktur des Rechts«, 155. Diese und die folgenden Typen von *qawāʿid* bespricht er auf den Seiten 150–165.

Widerrufsrecht und Mängel an der Ware). Eine andere Art *qāʿida* dient der Kategorisierung, wie etwa, dass Hinderungsgründe (*mawāniʿ*) drei unterschiedliche Arten haben. Daneben gibt es synoptische Maximen, die dazu »dienen, Informationen, die in der Rechtsliteratur gewöhnlich nicht in geschlossener Form präsentiert werden, zusammenzuführen«.[46] Ähnlich sind indexikalisierende Maximen:

> »Auch sie zielen auf eine Zusammenstellung von Fallmaterial aus unterschiedlichen Kontexten ab, doch erfolgt diese nicht aufgrund eines gemeinsamen sachlichen Bezugs, sondern aufgrund äußerlicher oder struktureller Ähnlichkeitsmomente.«[47]

Festzuhalten ist, dass Rechtsprinzipien es ermöglichen, sowohl Entscheidungen unter konkurrierenden Meinungen zu treffen als auch neue Fälle schariakonform zu bewerten. Nicht zuletzt versucht man heute noch zu zeigen, dass viele Prinzipien sich durch Koran und Sunna bestätigen lassen, ja manche sogar im Wortlaut bis auf den Propheten zurückgehen. Das gilt auch für die vormoderne Literatur. Damit soll ihnen größere Autorität beigemessen werden.

Die Wirkmächtigkeit dieser Prinzipien ist daran zu sehen, dass sie einen Platz in der *Mecelle-i aḥkām-ı ʿadlīye* gefunden haben: Sie wurden somit vom Ende des 19. bis zum Anfang des 20. Jahrhunderts zum Gesetz für mehrere Staaten. Heute genießen die Rechtsprinzipien aufgrund ihrer Flexibilität und dadurch, dass sie quasi aus der ›idealen Rechtspraxis‹ (den *furūʿ al-fiqh*) hergeleitet worden sind, große Berühmtheit. Insbesondere die 5 Hauptprinzipien und weitere, die sich

46 Oberauer, »Die Tiefenstruktur des Rechts«, 152. Oberauer übersetzt dazu die folgende Maxime: »Wohnung, Diener und ein benötigtes Reittier stellen kein überschüssiges Vermögen dar. Sie dürfen nicht steuerlich angetastet oder zur Begleichung von Schulden oder Unterhaltsverpflichtungen requiriert werden; noch muss der Eigentümer sie veräußern, um die Wallfahrt oder eine ihm obliegende Sühneleistung (*kaffāra*) zu finanzieren«.

47 Oberauer, »Die Tiefenstruktur des Rechts«, 153. Er führt das folgende Beispiel an: »Ist das, was schwindet und wiederkehrt, wie das nie Geschwundene oder wie das nie Wiedergekehrte?«

auf *ʿurf* und *maṣlaḥa* beziehen, werden weiträumig angewandt. Neben diesen ist auch das Prinzip ›Not kennt kein Gebot‹ (wörtl. ›Die Notwendigkeiten erlauben [den Vollzug] verbotene[r] Handlungen‹, *aḍ-ḍarūrāt tubīḥ al-maḥẓūrāt*) prominent. Insbesondere Prinzipien, die sich direkt mit *maṣlaḥa* befassen, kommen in den gängigsten modernen Abhandlungen zu den *uṣūl al-fiqh* vor. Sie beeinflussen auch die zeitgenössische Debatte um die Ziele der Scharia. Dazu gehören Prinzipien wie »Das kleinere Übel ist zu wählen«, »Die Abwehr eines Übels ist der Gewinnung eines Nutzens vorzuziehen« und »Um einen Schaden für die Öffentlichkeit abzuwehren, ist ein privater hinzunehmen«.[48] Insbesondere im Minderheitenrecht (*fiqh al-aqallīyāt*) werden Rechtsprinzipien stark beachtet, dort vor allem das Prinzip der Berücksichtigung von Notlagen und Bedürfnissen.

Die jüngste Anwendung des Prinzips ›Schaden wird behoben‹ sehen wir in den Entscheidungen während der Corona-Pandemie: Es diente z. B. der Legitimation des Verzichts auf Moscheebesuche für das Freitagsgebet und für die Aussetzung der Pilgerfahrt.

Eine zwölferschiitische Entwicklung mit Bezug auf Rechtsprinzipien können wir ebenfalls erkennen: Zwölferschiitische Gelehrte haben sich auf ›prozedurale, praktische Prinzipien‹ (*al-uṣūl al-ʿamalīya*, Sg. *al-aṣl al-ʿamalī*) konzentriert, die zwar keine unbekannten, neuen Prinzipien beinhalten, aber anders von ihnen eingeordnet werden. So etwa werden Prinzipien wie *aṣālat al-barāʾa* (das grundsätzliche Freisein von Verpflichtungen) so gedeutet, dass keine Norm für einen bestimmt Fall hergeleitet werden kann. Vielmehr wissen wir durch dieses Prinzip (ein *aṣl ʿamalī*), dass die Gläubigen keine Verpflichtung haben, etwas zu tun. Die Gelehrten sagen daher nicht, dass eine Handlung X erlaubt (*mubāḥ*) sei, sondern nur, dass es keine Verpflichtung gibt, sie zu vollziehen, oder dass sie nicht verboten (*ḥarām*) ist. Daher kann man mit Rücksicht auf die *al-uṣūl al-ʿamalīya* keine Norm begründen, weil immer ein Restzweifel darin besteht, ob die

48 Für diese und weitere Prinzipien siehe Krawietz, *Hierarchie*, 238–242. Die hier zuletzt angeführten Prinzipien, inklusive »Not kennt kein Gebot«, sind die dort aufgeführten Übersetzungen von Krawietz.

Handlung doch nicht anders als lediglich ›freigestellt‹ (*mubāḥ*) bzw. erlaubt eingeordnet werden könnte, was ja eine Wertung ist. Denn *mubāḥ* bedeutet, dass wir einen Hinweis aus den Rechtsquellen für das Erlaubtsein des Vollzugs einer Handlung haben. Auf dieses Ergebnis lassen die *al-uṣūl al-ʿamalīya* nicht schließen. Man kreiert also einen neutralen Raum, in dem es Fälle geben kann, die nicht bewertet werden können. Dies geht auch teilweise auf die Unterscheidung innerhalb der Zwölferschiiten zurück, dass es neben tatsächlichen Normen (*al-aḥkām al-wāqiʿīya*) auch Normen gibt, die nur scheinbar gelten (sogenannte *al-aḥkām aẓ-ẓāhirīya*). Letztere sind zweifelhafte Fälle, bei denen nicht mit Rücksicht auf Belege aus den Rechtsquellen ermittelt werden kann, welche Norm tatsächlich gilt; erstere sind genau das Gegenteil.[49]

4.3 Exkurs zu den *qawāʿid*: Ibn Rušds Einordnung der Rechtsprinzipien und sein Umgang mit ihnen

Einen gesonderten Blick im Rahmen der Rechtsprinzipien sind die Ausführungen Ibn Rušds wert. Nicht nur die Art und Weise, wie er mit dem rechtspraktischen Material umgeht, ist zu seiner Zeit einzigartig gewesen. Auch seine Art, das islamische Recht zu verstehen, und der Umgang mit den Rechtsprinzipien sind innovativ. Sein Gesamtkonzept ergibt sich aus mehreren Schriften und nicht nur aus seinem rechtspraktischen Werk.[50]

Ibn Rušd begründet seine Herangehensweise sowohl erkenntnistheoretisch als auch rechtsphilosophisch. Hierin liegt die Innovation. Er ist der Auffassung, dass die autoritativen Texte Koran und Sunna

49 Siehe zum Beispiel al-Anṣārī, *Farāʾid al-uṣūl*, III:13–20.

50 Die folgenden Ausführungen basieren auf den Ergebnissen der Studie Kurnaz, *Tradition und Fortschreibung*.

die Allgemeinheit adressieren und zeigen, was unter gerechtem Handeln zu verstehen ist. Die Offenbarung habe zum Ziel, diesseitiges wie jenseitiges Glück zu ermöglichen; gerechtes Handeln gehöre dazu. Da die Hauptquellen die Allgemeinheit adressieren, habe sich die Rechtsfindung auf sie zu beziehen, aber nicht auf sie zu beschränken. Das ist der Grund, weshalb Ibn Rušd die bekanntesten Fälle in der muslimischen Rechtstradition vergleichend bespricht. Er analysiert, wie die autoritativen Texte von den muslimischen Gelehrten über Jahrhunderte hinweg verstanden worden sind. Dabei ermittelt er auch die Dissensgründe, um entscheiden zu können, welche Prinzipien und Grundsätze hinter den Einzelfällen und -entscheidungen zu finden sind. Maßgeblich für das Recht seien eben diese Prinzipien. Mithilfe dieser würden bestehende Normen begründet und neue Fälle bewertet. Damit könne das Recht auf Veränderungen reagieren. Zudem könnten die Juristen ihre Entscheidung bewusst begründen und wendeten nicht nur Auswendiggelerntes an.

Die systematische Suche nach Prinzipien ist zu Lebzeiten Ibn Rušds ein innovativer Ansatz gewesen. Wie wir oben sehen konnten, haben sich viele Juristen in den Folgejahrhunderten solch einem Ansatz ebenfalls versprochen. Keiner von ihnen aber reflektierte darüber im rechtsphilosophischen Sinne. Diese Reflexion finden wir nur bei Ibn Rušd. Er nimmt in Anlehnung an Aristoteles an, dass sich das Recht in zwei Arten aufteilt: 1) geschriebenes, also positives und 2) ungeschriebenes Recht, womit er wahrscheinlich das Naturrecht meint. Einzelfälle und Einzelbestimmungen sind nach Ibn Rušd geschriebenes Recht. Es ist wandelbar, örtlich und zeitlich beschränkt und auf der erkenntnistheoretischen Stufe der Präsumtionen einzuordnen. Das bedeutet, man kann nur annehmen, dass konkrete Einzelbestimmungen dem Vollzug gerechter Handlungen dienen. Die Richter und Juristen müssen sich trotzdem danach richten. Das ungeschriebene Recht dagegen ist weder örtlich noch zeitlich beschränkt. Es besteht aus übergeordneten Prinzipien, die in den Einzelbestimmungen konkretisiert werden. Daher befinden sie sich auch auf der erkenntnistheoretischen Stufe der Gewissheit. Sie ergeben sich aus der Summe der Einzelbestimmungen, sind somit induktiv hergeleitet und zeigen sich also in ihnen zeit- und ortsungebunden. Obwohl Ibn Rušd es nicht in dieser Deutlichkeit formuliert, sind Prinzipien – und damit das ungeschriebene Recht – zeit- und ortsunabhängig mit rein rationalen Argumenten nachvollziehbar. Die Universalität des islamischen Rechts ergibt sich demnach aus diesen Prinzipien, nicht den Einzelbestimmungen, und dies nicht zuletzt auch deswegen, weil die Offenbarungstexte mit den Prinzipien übereinstimmen. Für Ibn Rušd sind die Einzelbestimmungen im Recht – seien es die gottesdienstlichen Handlungen oder die zwischenmenschlichen Beziehungen – eine konkrete Umsetzung der philosophisch begründeten Tugenden Enthaltsamkeit (*ʿiffa*), Gerechtigkeit (*ʿadl*), Tapferkeit (*šağāʿa*) und Freigiebigkeit (*saḫāʾ*). Vernunft und Offenbarung gehen daher Hand in Hand.

Damit ermöglicht es Ibn Rušd, jede bestehende Regel auf ihre Anwendbarkeit zu prüfen und mit Rücksicht auf die Rechtsprinzipien neue Wege und Lösungen aufzuzeigen. Insbesondere für die Regelung neuer Fälle solle man sich auf sie berufen. Am Beispiel des *ribā* möchte ich diese Idee, die sich aus den Ausführungen Ibn Rušds herleiten lässt, kurz vorstellen.

Ibn Rušd hält als Prinzip fest, dass Transaktionen gerecht sein sollen. Gerechtigkeit in den Transaktionen zeige sich darin, dass die Menge der getauschten Güter verhältnismäßig ist. Dies schließt einen Gewinn nicht aus. Er führt dazu folgendes Beispiel an: Ist der Tausch von 10 Kleidern gegen ein Pferd zulässig? Für Ibn Rušd sind *ribā*-fähige Güter nur solche, die im Hohlmaß gemessen oder gewogen werden. Kleider und Pferde dagegen werden in Stückzahl verkauft. Ist dann der Tausch *per se* legitim, da sie den Rechtsgrund (*ʿilla*) des *ribā*-Verbots nicht erfüllen? Ibn Rušd sagt nein; dieses Tauschgeschäft muss entsprechend der von ihm angeführten Prinzipien bewertet werden. Seine Ausführungen lassen sich vereinfacht in zwei Syllogismen zusammenfassen.[51]

51 Das Beispiel habe ich vollständig übernommen aus Kurnaz, *Tradition und Fortschreibung*, 370.

Syllogismus 1:

1) Obersatz: Gleichwertig sind Tauschwaren bei Entsprechung der Verhältnisse beider zu ihrer eigenen Art.
2) Untersatz: Der Wert von 10 Kleidern entspricht im Verhältnis zu ihrer eigenen Art dem Wert eines Pferdes im Verhältnis zu seiner eigenen Art.
3) Konklusion: 10 Kleider sind gleichwertig mit einem Pferd.

Syllogismus 2:

1) Obersatz: Der Tausch von gleichwertigen Waren ist erlaubt.
2) Untersatz: 10 Kleider sind gleichwertig mit einem Pferd.
3) Konklusion: Der Tausch von 10 Kleidern gegen ein Pferd ist erlaubt.

Somit ist, trotz Abweichung in der Menge, der Tausch von einem Pferd gegen 10 Kleider gestattet. Bei Abweichung würde *ribā* vorliegen. Dieses Ergebnis ist aber nicht von ewiger Dauer: Das Prinzip der Verhältnismäßigkeit ist zwar allgemeingültig, die konkrete Umsetzung kann variieren. Die hier präsentierte Verhältnismäßigkeit kann sich andernorts bei 15 Kleidern, oder – je nach Material – bei einem Verhältnis von 1:1 verwirklichen. Daher ist das geschriebene Recht immer nur präsumtiv und wandelbar, die Prinzipien aber definitiv und überzeitlich. Mit dieser Herangehensweise können z. B. das Zinsverbot und Zinsmodelle heute neu bewertet werden.

Der Ansatz Ibn Rušds hat weitere Folgen, wenn wir ihn weiterdenken wollen. Kann man z. B. nach den Prinzipien des islamischen Rechts Verträge im Rahmen des deutschen Rechts schließen oder z. B. Entscheidungen in bioethischen und finanzethischen Rechtsfällen und Umweltfragen danach begründen, wäre dies eine konkrete Anwendung islamrechtlicher Positionen. Wir könnten mit dem Ansatz Ibn Rušds die häufig gestellte Frage nach der Islamizität bestehender Gesetze und Praktiken behandeln und dafür Antworten finden.

4.4 *al-Maqṣūd* bei as-Saraḫsī (gest. 483/1090)

Ganz anders und viel beschränkter als der Ansatz von Ibn Rušd ist ein Argumentationsmuster, das wir im rechtspraktischen Werk von as-Saraḫsī finden. Generell sind in der *furūʿ*-Literatur neben Rechtsprinzipien technische Begriffe zu finden, die in *uṣūl*-Werken nicht vorkommen. Sie ermöglichen oft Flexibilität in der Rechtsfindung.[52] Zu diesen gehört *al-maqṣūd*, den as-Saraḫsī verwendet. Sicherlich lassen sich viele unentdeckte oder ähnliche Methoden und Begriffe bei anderen Gelehrten finden. Sie systematisch zu untersuchen ist ein Forschungsdesiderat.

As-Saraḫsī beruft sich oft auf den *maqṣūd*, also das, was mit einem religiösen Referenztext gemeint ist. Der Bezug zum *maqṣūd* hat unterschiedliche Gründe. Manchmal versucht as-Saraḫsī damit zu ermitteln, wie genau eine Aussage zu deuten ist. Nicht selten deutet er den *maqṣūd* so, dass es der hanafitischen Auffassung gleicht, wodurch die autoritativen Texte diese bestätigen sollen. Oft deckt sich *maqṣūd* mit dem *ʿurf*-Gedanken und ist durch den historischen Kontext, in dem as-Saraḫsī lebte, determiniert. Nicht selten bestimmt der juristische Kontext, auf welche Bedeutung der Referenztext hinweist. Dazu gehört die Auslegung des Hadith, dass sich *ribā* nur in Fällen der Stundung verwirklicht. Wir haben aber bereits oben gesehen, dass in bestimmten Fällen auch der Überschuss im Tauschgeschäft als *ribā* gewertet wird. Beide Auffassungen liegen in Hadithform vor. Um die Kollision unter ihnen aufzulösen, argumentiert as-Saraḫsī mit Bezug auf den juristischen Kontext, jedoch ohne den Begriff *maqṣūd* zu gebrauchen. Der erste Hadith beziehe sich nicht auf alle Tauschgeschäfte, sondern nur auf solche, bei denen zwei unterschiedliche Dinge im

52 Meine Ausführungen unter dieser Überschrift beziehen sich auf Kurnaz, »*Al-Maqṣūd*«.

Tauschgeschäft gehandelt werden. In solchen Tauschgeschäften ist der Überschuss in der Tauschmenge der einen Ware rechtsschulübergreifend zugelassen. In diesem Fall ist nur die Stundung verboten.[53] Solche Kollisionslösungen und weitere Deutungen bringt as-Saraḫsī in seinem Werk mit der Idee des *maqṣūd* zusammen.

Ein Beispiel soll veranschaulichen, wie as-Saraḫsī genau argumentiert, wenn er sich auf *maqṣūd* beruft: Ein Hadith schreibt vor, dass man nach der Aufrichtung nach der Beugung (*rukūʿ*) während des Gebets, wenn man den *takbīr* (also: *Allāhu akbar*) ausruft, die Hände heben soll. Ein anderer schreibt dies nicht vor. Hier stellt sich as-Saraḫsī die Frage, wieso man überhaupt die Hände heben soll, wenn man den *takbīr* ausruft. Beabsichtigt bzw. Ziel (*maqṣūd*) sei, dass der Vorbeter der Gemeinde sowohl auditiv als auch durch Gestik mitteilt, dass das Gebet beginnt. Ist jemand taubstumm, kann er durch die Bewegung des Vorbeters den Beginn des Gebets wahrnehmen. Da diese Funktion des Händehebens nach Beginn während des Gebets entfällt, zieht as-Saraḫsī den Hadith vor, der dies nicht vorschreibt. Also spielt die Frage nach dem Sinn von Handlungen in gottesdienstlichen Bereichen für as-Saraḫsī eine Rolle.

Somit zieht as-Saraḫsī den *maqṣūd*-Gedanken heran und fragt danach, was ein Text seiner Intention nach bedeuten soll, wenn mehrere Auffassungen in der Rechtsschule kollidieren oder eine Kollision unter den Referenztexten selbst zu finden ist. Kollisionen werden also nach rationalen Gesichtspunkten analysiert und aufgelöst. Das *maqṣūd*-Argument entfernt sich damit von den sonst eher formalistischen Auslegungsvorschriften, die wir in den *uṣūl al-fiqh* finden.[54]

Abschließend möchte ich ein Beispiel anführen, wo das *maqṣūd*-Argument eigentlich zu einem anderen Ergebnis führen könnte als zu dem, das as-Saraḫsī vorschlägt. As-Saraḫsī ›korrigiert‹ bzw. passt den *maqṣūd* dahingehend an, dass das Resultat der Gewohnheit der Menschen entspricht. Es geht um den folgenden Fall: Besitzt man 40

53 As-Saraḫsī, *al-Mabsūṭ*, XII:112.

54 Für die Methoden zur Interpretation der religiösen Texte siehe Band IV.

freiweidende Schafe ein Jahr lang, so beträgt die Almosensteuer ein Schaf. Verkauft man aber vor der Fälligkeit dieses eine Schaf, wird dann trotzdem Almosensteuer fällig? Müssen die restlichen 39 Schafe inklusive des Gewinns durch den Verkauf des einen Schafs besteuert werden, oder muss erst wieder ein Jahr vergehen, bis die Steuer fällig wird? As-Saraḫsī sagt dazu, dass tatsächlich wieder ein Jahr verstreichen müsse, damit das Vermögen besteuert werden könne. Man könnte einwenden, dass der Besitz gleich, ja sogar größer sein kann, wenn man durch den Verkauf einen Gewinn erzielt, sodass eine Besteuerung aufgrund der Bereicherung nicht auszuschließen ist. Das folgende Textbeispiel gibt seine Begründung wieder.

Textbeispiel 12: *al-Maqṣūd*

Rn. 50	Für uns gilt, dass die Almosensteuer für freiweidendes Vieh mit Rücksicht auf das Ding [d. h. hier: Lebewesen] fällig wird, sodass die Mindestmenge mit Rücksicht auf das Ding selbst ermittelt wird. Erwünscht ist seine zahlenmäßige Zunahme. Im Gegensatz zu Handelsgütern gleicht ein neues Ding dem vorherigen nicht. In ihnen [d. h. den Handelsgütern] berücksichtigt man die Eigenschaft [des Gegenstandes], eine Ware zu sein, nicht das Ding [selbst, d. h. man schaut nicht auf seine Beschaffenheit], sodass man bei der Ermittlung der Mindestmenge [für die Steuer, *niṣāb*] nur auf den Wert schaut. Der Austausch ermöglicht das, was von Handelsgütern erzielt werden soll, und zwar [reiner] Gewinn [ohne Rücksicht auf die Ware selbst].	(ولنا) أن وجوب الزكاة في السائمة باعتبار العين حتى يعتبر نصابه من العين والنماء فيه مطلوب من العين والعين الثاني غير الأول بخلاف مال التجارة فإن المعتبر فيه صفة المالية دون العين حتى يعتبر النصاب من قيمته ثم الاستبدال يحقق ما هو المقصود من مال التجارة وهو الاسترباح

Rn. 51	Das steht im Gegensatz zu dem, was mit dem freiweidenden Vieh beabsichtigt ist, denn die Viehbesitzer wollen es für gewöhnlich in ihrem Besitz behalten. Dieses [Ziel] entfällt bei einem Austausch [von Tieren im Tauschgeschäft].	ويضاد ما هو المقصود بالسائمة لأن مقصود أصحاب السوائم استبقاؤها في ملكهم عادة وذلك ينعدم بالاستبدال
Rn. 52	Ähnlich wird das Unterlassen des Freiweidens bewertet. Entsprechend[es] gilt, ob man nun [das Schaf] für einige Dirham verkauft und damit sich vor der Steuer drücken möchte oder dies nicht tut; in jedem Fall wird die Almosensteuer erst dann fällig, wenn über es [d. h. das Vermögen] ein [weiteres] Jahr vergeht.	فيكون نظير ترك الإسامة فيها وكذلك إن باعها بدراهم يريد به الفرار من الصدقة أو لا يريد به ذلك فلا زكاة عليه إلا بحول جديد

Textbeispiel 12: as-Saraḫsī, *al-Mabsūṭ*, II:166

4.5 Naǧm ad-Dīn aṭ-Ṭūfī (gest. 716/1316) und *taqdīm al-maṣlaḥa*

Der Hanbalit Naǧm ad-Dīn aṭ-Ṭūfī hat neben seinem *uṣūl al-fiqh*-Werk, das dem Standard der *uṣūl*-Literatur folgt, einen für ihn innovativen Ansatz in seinem Kommentar zur Hadithkompilation *Das Buch der Vierzig Hadithe* (*Kitāb al-Arbaʿīn*) des Schafiiten an-Nawawī (gest. 676/1277) besprochen.[55] Dieser Ansatz war bis in die Moderne hinein

55 Meine Ausführungen basieren auf Opwis, *Maṣlaḥa*, 200–246; Kurnaz, »Möglichkeiten«.

nicht bekannt oder wurde jedenfalls kaum wahrgenommen. Prominent wurde er erst im 20. Jahrhundert, als die Diskussionen um *maqāṣid* und *maṣāliḥ* zunahmen und ihre Beliebtheit stieg.

Aṭ-Ṭūfī beschreibt in seinem Kommentar zum Hadith ›Es gibt kein Schadenzufügen und Schadenerleiden‹ (*lā ḍarara wa-lā ḍirāra*) seinen eigentümlichen Ansatz. Dieser Hadith weise daraufhin, dass man stets Schaden (*mafsada*) vermeiden solle. Dadurch, dass Schaden abgewendet werde, entstehe *maṣlaḥa*, die es zu schützen gelte. Diese Haltung sei von Koran, Sunna und Idschma bestätigt. Sofern das schützenswerte Interesse in Kollision zu bestehenden Normen oder der Auslegung der religiösen Quellen gerate, solle man stets das Interesse berücksichtigen und ihm den Vorzug (*taqdīm*) geben. Dafür unterscheidet aṭ-Ṭūfī gottesdienstliche Handlungen von zwischenmenschlichen Beziehungen. Eine Kollision zwischen den Texten und dem Interesse der Menschen könne im ersten Bereich nicht entstehen, denn nur die Offenbarung könne zeigen, welche Handlungen zu den gottesdienstlichen Handlungen zählen und welche nicht. In den zwischenmenschlichen Beziehungen hingegen hätten alle Regelungen einen Rechtsgrund. Würden sie dem Interesse der Menschen widersprechen, müssten sie mit Rücksicht auf die *maṣlaḥa* revidiert werden. Zusammenfassend gilt also nach aṭ-Ṭūfī: Widersprechen die Texte (*nuṣūṣ*, also Koran und Sunna) und der Idschma der *maṣlaḥa*, so soll man bei der Herleitung von Regelungen die *maṣlaḥa* berücksichtigen und vorziehen. Er begründet diese Haltung damit, dass die Berücksichtigung der *maṣlaḥa* bei jedem Gelehrten Zustimmung finde, jedoch sowohl der Idschma als Quelle als auch die Auslegung der religiösen Texte umstritten seien. Hier widerspricht sich aṭ-Ṭūfī allerdings selbst, begründet er doch durch Texte in Koran und Sunna und den Idschma, dass man die *maṣlaḥa* berücksichtigen solle.

Diese als radikal erachtete Herangehensweise wurde von Gelehrten im 20. Jahrhundert stark kritisiert, würde sie doch im Endeffekt bedeuten, dass man dem Wortlaut des Korans und der Sunna direkt widersprechen könne. Man könnte demnach Regelungen vorschlagen, die ihnen widersprechen oder von ihnen abweichen. Dies würde zur Entkräftung dieser beiden Quellen führen und die *maṣlaḥa* zu einer unabhängigen, ja sogar zur stärksten Quelle machen. Damit würde die Konstruktion der traditionellen Rechtsmethodik einstürzen. Dass aber aṭ-Ṭūfī selbst nicht in dieser Radikalität den Vorzug der *maṣlaḥa* fordert, sehen wir bei näherer Betrachtung: Er ist nicht darum bemüht, Koran, Sunna und Idschma außer Kraft zu setzen (wörtl. *taʿṭīl*). Vielmehr will er im Falle einer Kollision zwischen *maṣlaḥa* und der wörtlichen Umsetzung von Koran und Sunna beide Quellen miteinander versöhnen. Daher benutzt er oft den Begriff *taḫṣīṣ* (Spezifikation allgemeiner Aussagen), um seine eigene Methode zu beschreiben. *Taḫṣīṣ* ist ein Vorgang, der zwei Hinweise miteinander versöhnt: Eine allgemeine Aussage wird mit Rücksicht auf eine spezifische eingeschränkt, sodass man beide Aussagen gleichzeitig berücksichtigen kann. Entsprechend soll der Regelfall nach aṭ-Ṭūfī – sofern die wörtliche Umsetzung der Quellen nicht zu einer *maṣlaḥa* führt oder ihr widerspricht – für diesen speziellen Fall durch den Hadith *lā ḍarara wa-lā ḍirāra* in einem Spezifikationsprozess (*taḫṣīṣ*) eingeschränkt werden. Diese Einschränkung ist insbesondere dann notwendig, wenn die Quellen ohnehin nur wahrscheinlich (*ẓannī*) auf eine Bedeutung hinweisen. Dass aṭ-Ṭūfī mit den zwei erkenntnistheoretischen Kategorien *ẓann* (Vermutung, Präsumtion) und *yaqīn* (Gewissheit) operiert und seine Methode als eine Art Spezifikation versteht, zeigt, dass er bemüht ist, noch im Rahmen der traditionellen *uṣūl al-fiqh* zu argumentieren und ihnen eine Flexibilität zu verleihen. Dabei fällt auf, dass aṭ-Ṭūfīs Vorschlag den Herangehensweisen *istiṣlāḥ* und *istiḥsān* ähnelt. Er versucht jedoch, einen positiv konnotierten Begriff wie *taḫṣīṣ* zu prägen, da die anderen beiden Begriffe seit Jahrhunderten kritisch betrachtet wurden.

Im Endeffekt ist aṭ-Ṭūfīs Flexibilisierungsversuch inspirierend für die Gelehrten des 20. Jahrhunderts gewesen, neue Wege (auch im Rahmen der traditionellen *uṣūl al-fiqh*) zu finden. Sein Ansatz ist aber unbestimmt und schwammig. Oft wird nicht klar, wann etwas eine *maṣlaḥa* ist, wie genau eine Kollision im Bereich der zwischenmenschlichen Beziehungen gelöst werden soll und wann man von einer Kollision ausgehen darf. Zwischen den Zeilen ist zu sehen, dass der *maṣlaḥa*-Begriff bei ihm nicht unabhängig von den religiösen Quellen gedacht wird. Ob man ihn dann mit *maṣlaḥa muʿtabara* oder *mursala* gleichsetzen kann, ist fraglich. Gegenüber Letzterer versucht er seine Methode aber abzugrenzen. An einer Stelle wird es sogar kurios: In bestimmten Konstellationen, wenn *maṣlaḥa* und *mafsada* kollidieren und man nicht entscheiden kann, worauf man sich beziehen soll, möge man auslosen, welche der beiden zu berücksichtigen sind.

Es liegt nahe, dass aṭ-Ṭūfī mit seinem Ansatz auf das Bedürfnis reagierte, das Recht flexibel zu gestalten, um das Interesse der Menschen zu schützen. Wahrscheinlich reagiert er auf die stark formalistische Tradition der Ausgestaltung des Rechts, die zu seinen Lebzeiten dominant war. Letztendlich inspirierte aṭ-Ṭūfī eine Reihe zeitgenössischer Gelehrter und Wissenschaftler und beeinflusste somit den modernen Diskurs um die Ziele der Scharia (*maqāṣid aš-šarīʿa*), auf die ich anschließend eingehen möchte.

4.6 Die übergeordneten Ziele der Scharia *(maqāṣid aš-šarīʿa)*

Seit dem 20. Jahrhundert beziehen sich die Gelehrten vermehrt auf die übergeordneten Ziele der Scharia (*maqāṣid aš-šarīʿa*).[56] Dabei geht es um übergeordnete Ziele, auf denen die islamische Religion insgesamt basiert. Entsprechend sollten sie verbindlich für das islamische Recht sein bzw. wurden sie je nach Haltung der Autor:innen, die zu den *maqāṣid* geforscht haben, schon immer berücksichtigt. Die vorgeschlagenen Ziele variieren in der Literatur, worauf ich im Folgenden eingehen werde. Bekannt sind z. B. die *ḍarūrīyāt* als Ziele der Scharia (siehe auch Schema 2 in Kapitel 3.2).

Die Ziele der Scharia sind der vormodernen Literatur nicht unbekannt; man beruft sich heute auch deswegen auf den Begriff *maṣlaḥa*. In bestimmten *maṣlaḥa*-Arten sah man schon damals bestimmte Ziele, die das Recht schützen sollte. Neu ist, dass man nun die Ziele der

56 Meine Ausführungen basieren auf Bassiouni, *Menschenrechte*, 77–126, 182–228; Opwis, »New Trends«; Kurnaz, »Der Diskurs über *maqāṣid aš-šarīʿa*«.

Scharia mit *maṣlaḥa* gleichsetzt und sie nicht voneinander trennt. Zudem nimmt *maṣlaḥa* eine weitaus wichtigere Rolle in der Herleitung von Normen ein als in der Vormoderne. Um den Unterschied besser verstehen zu können, möchte ich hier zunächst das vormoderne *maṣlaḥa*-Verständnis, das ich oben unter verschiedenen Überschriften behandelt habe, zusammenfassen. Dem folgt die Gegenüberstellung des *maṣlaḥa*-Verständnisses und des *maqāṣid*-Verständnisses im 20. und 21. Jahrhundert.

Das vormoderne Verständnis bedingt, dass *maṣlaḥa* nur in einem beschränkten Sinn berücksichtigt werden darf. Sie dient der Findung von Einzelfallentscheidungen, bei denen eine Regel, ein Prinzip oder bereits hergeleitete Normen angewandt werden sollen. Führt die konkrete Anwendung einer Norm zu Mühsal oder wird ein Interesse nicht geschützt, dann darf man sich auf eine *maṣlaḥa* beziehen – auf die Unterschiede unter den Rechtsschulen sind wir oben eingegangen. Die zu berücksichtigende *maṣlaḥa* wird dann in den Prozess des *qiyās*, des *istiṣlāḥ* oder *istiḥsān* eingebunden, was wiederum zeigt, dass der Bezug auf *maṣlaḥa* sich auf Einzelfallentscheidungen beschränkt hat. Ähnlich ist es, wenn man mithilfe von Rechtsprinzipien (*qawāʿid*) einen Fall entscheidet und regelt.

In der *uṣūl*-Literatur wird *maṣlaḥa* zudem auf die drei Stufen *ḍarūrīyāt* (diese sind die fünf notwendig zu schützenden Interessen Religion, Leben, Vernunft, Nachkommen und Vermögen), *ḥāǧīyāt* (bedürfnisorientierte Interessen) und *taḥsīnīyāt* (verschönernde Interessen) beschränkt. Also sollten *maṣāliḥ* die Lücken füllen, die die autoritativen Texte offenließen und teilweise bestehende Normen an neue Umstände anpassen. Sie sollten bei Einzelfallentscheidungen dem Recht eine gewisse Flexibilität und Aktualisierbarkeit ermöglichen. Dem vormodernen Verständnis nach handelte es sich damit um ein durch methodische Vorstellungen kontrolliertes, auf Einzelfallentscheidungen beschränktes Konzept, zumindest nach den Ausführungen der Gelehrten in den *uṣūl*- und *qawāʿid*-Werken.

Seit dem 20. Jahrhundert hat sich dieses Verständnis gewandelt. *Maṣlaḥa* wird als eine den Einzelfällen übergeordnete Instanz verstanden, die mit übergeordneten Zielen der Scharia gleichgesetzt wird. Daher spricht man in der Literatur vom *maqāṣid-cum-maṣlaḥa*-

Ansatz. Das gesamte Rechtssystem hat sich an diesen *maqāṣid* auszurichten; alles, was dem widerspricht, ist damit hinfällig. Jede Norm, Regelung und Bestimmung soll nicht mehr konkrete Einzelfälle zur Grundlage haben, sondern mit Rücksicht auf diese *maqāṣid* hergeleitet werden. Damit bezwecken die Gelehrten nicht, dass man Koran und Sunna nicht mehr berücksichtigt – Idschma und *qiyās* stehen ihnen gegenüber noch weiter unten in der Hierarchie. Die Gelehrten versuchen vielmehr zu zeigen, dass die *maqāṣid*, die sie vorschlagen, vom Koran und der Sunna stammen und in ihnen induktiv ermittelt wurden.

Da die meisten Gelehrten *maqāṣid* mit den *maṣāliḥ* gleichsetzen, können sie ihren Ansatz als eine Fortführung der vormodernen Literatur verstehen. Entsprechend hat er eine lange Geschichte, geht doch die Diskussion um *maqāṣid* zurück bis in das 4./10. Jahrhundert. Sie können sich auf namhafte Gelehrte wie Abū l-Maʿālī al-Ǧuwaynī (gest. 478/1085), seinen Schüler al-Ġazālī (gest. 505/1111) und weitere einflussreiche Schafiiten wie Faḫr ad-Dīn ar-Rāzī (gest. 606/1210), Sayf ad-Dīn al-Āmidī (gest. 631/1233), Ibn ʿAbd as-Salām (gest. 660/1262) und Šihāb ad-Dīn al-Qarāfī (gest. 684/1285) berufen. Zwei Gelehrte, die das *maqāṣid-cum-maṣlaḥa*-Verständnis legitimieren sollen, sind aber die prominentesten: Der Hanbalit aṭ-Ṭūfī (gest. 716/1316) und der andalusische Malikit aš-Šāṭibī (gest. 790/1388), der wahrscheinlich der einzige ist, der die *maṣlaḥa* in größerem Umfang in seinem *al-Muwāfaqāt* in den *uṣūl al-fiqh* diskutiert hat. Viele Gelehrte – egal welcher Ausrichtung sie folgten und ob sie progressiv, salafitisch oder traditionell-konservativ sind bzw. waren – haben sich auf beide berufen. So sehen wir bei den salafitisch orientierten Gelehrten Ǧamāl ad-Dīn al-Qāsimī (gest. 1914) und Rašīd Riḍā (gest. 1935) eine besondere Bestrebung, aṭ-Ṭūfī und aš-Šāṭibī als hervorgehobene Autoritäten zugänglich zu machen. Das alles dient dazu, dem *maqāṣid* eine größere Legitimität und Autorität zu verleihen.

Riḍā versuchte in Anlehnung an diese lange Tradition, ein eigenes *maqāṣid*-System zu entwerfen. Diesem Trend schloss sich der tunesisch-malikitische Gelehrte aṭ-Ṭāhir ibn ʿĀšūr (gest. 1973) an, der seinerseits versucht hat, die *maṣāliḥ* neu zu deuten und zu erweitern. Mit ihm und nach seinem *Maqāṣid aš-šarīʿa al-islāmīya* sind viele Werke entstanden, die dasselbe Ziel verfolgten. Auch Gelehrte, die die *maṣāliḥ* auf die oben genannten *maṣāliḥ muʿtabara* beschränken wollten, wie etwa der syrische Gelehrte Ramaḍān al-Būṭī (gest. 2013), beziehen sich verstärkt auf *maṣlaḥa*.

Die Art und Weise, wie die *maqāṣid* angewandt werden sollen, ist umstritten. Einige wollen den *qiyās* neu deuten, wobei der Ausgangsfall in einem *qiyās*-Vorgang mit den *maqāṣid* ersetzt werden soll. Andere wiederum denken die Herleitung von Normen unabhängig vom *qiyās*. Man soll sich direkt auf die *maqāṣid* beziehen. Es gibt auch Versuche, zumindest die oben besprochenen Sekundärquellen wie z. B. *qiyās*, *istiṣlāḥ* und *istiḥsān* unter der Überschrift *maqāṣid* zu sammeln. Sie wären dann eine konkrete Form des *maqāṣid*-Gedankens. So werden von den verschiedenen Autoren teils sehr unterschiedliche *maqāṣid* vorgeschlagen, von denen ich einige hier nennen möchte. Der gemeinsame Nenner der verschiedenen Ansätze ist, dass sie die Beschränkung der *maṣlaḥa* auf die o. g. Kategorien innerhalb der notwendig zu schützenden Interessen kritisieren. Sie deuten sie daher um und erweitern sie, insbesondere um die Religionsfreiheit, Meinungsfreiheit, Glaubensfreiheit und Toleranz.

Der Aufruf zur Erweiterung der *maqāṣid* über die klassischen Kategorien der *maṣāliḥ* hinaus wird u. a. mit der Kritik des Hanbaliten Ibn Taymīya (gest. 728/1328) begründet. Dieser beanstandete bereits die Beschränkung der *maṣāliḥ*. Erweiterungsbestrebungen finden sich in der Moderne schon bei Muḥammad ʿAbduh (gest. 1905) und seinem Schüler Rašīd Riḍā, der zehn verschiedene *maqāṣid* vorschlägt. Dazu gehören die Wahrung der drei Glaubensgrundlagen (Glauben an Gott, den Jüngsten Tag und rechtschaffenes Handeln) als 1. Zweck, das Reinigen des menschlichen Charakters (3. Zweck) oder politische wie gesellschaftliche Reformen (4. Zweck). Der 6. Zweck (*šūrā*, Beratung) z. B. umfasst u. a. Gerechtigkeit und Gleichheit. Dieser Ansatz wie auch das Konzept der spirituellen Demokratie des indischen Philosophen Muhammad Iqbāl (gest. 1938) ist stark politisch orientiert.

Gegen diesen Trend schlägt Ibn ʿĀšūr einen anderen Weg vor. Seine Idee ist, die *maqāṣid* als eine neue Wissenschaftsdisziplin zu verstehen. Die Grundthese ist dabei, dass jede Herleitung von Normen auf rational begründeten Zielen basieren solle, die in dieser Disziplin ausdiskutiert werden. Diese Rationalisierung begründet er mit dem *fiṭra*-Konzept, das die natürliche Veranlagung des Menschen beschreibt und das er mit dem Koran begründet sieht. Alles, was empirisch fassbar und rational begründet ist, entspricht damit der *fiṭra*. Damit besteht kein Bedürfnis mehr danach, die Normen direkt von den autoritativen Texten herzuleiten. Die abstrakten Ideen der *maqāṣid* umfassen daher allgemein begründete Güter wie Freiheit und Gleichheit, nach denen das Recht ausbuchstabiert werden soll.

Der marokkanische Autor Aḥmad al-Ḫamlīšī (gest. 1935) dagegen geht einen Weg, der dem von Riḍā ähnelt. Er forciert ebenfalls die bereits genannten abstrakten Ideen wie Gerechtigkeit, Gleichheit und Freiheit für ein Staats- und Gesellschaftsmodell, das den neuen Umständen gerecht wird.

Es gibt eine Reihe von Gelehrten, die ähnlich argumentieren. Systematischer etwa sind die Ausführungen von Ǧamāl ad-Dīn ʿAṭīya (gest. 2017). Dieser formuliert insgesamt 24 *maqāṣid*, die er 4 Hauptkategorien zuordnet und die sich beziehen auf

1) das Individuum (darunter einige der *ḍarūrīyāt*),
2) auf die Familie (darunter Schutz der Nachkommenschaft, Ordnung der Geschlechterbeziehung),
3) auf die islamische Gemeinschaft (darunter Herstellung der Gerechtigkeit, Schutz der Sicherheit, Schutz der Religion) und
4) auf die gesamte Menschheit (darunter Herstellung des Weltfriedens, internationaler Schutz der Menschenrechte).

Einen deutlichen Zuwachs an *maqāṣid* sehen wir bei dem Schweizer Wissenschaftler Tariq Ramadan. Grundsätzlich sollen die Religion (davon sind Leben und Tod ebenfalls erfasst) und das menschliche Wohlergehen geschützt werden, das er als *maṣlaḥa* identifiziert. Um diese beiden zu schützen, solle man das Leben, die Natur und den Frieden schützen. Eine dritte Stufe ist dem Schutz solcher Zwecke gewidmet, »die unmittelbar mit dem Dasein und Handeln des Menschen verbunden sind, ob als Individuum oder als soziales Subjekt«.[57] Dazu gehören der Schutz der Würde, des Wissens, der Brüderlichkeit, der Liebe und der Kreativität. Daneben gibt es drei weitere Bereiche, zu denen Ramadan zusätzliche *maqāṣid* findet: Der Bereich des Inneren (z. B. Aufrichtigkeit und Demut), des Individuellen (z. B. Gesundheit und Unterhalt) und des Gesellschaftlichen (z. B. Rechtstaatlichkeit und Unabhängigkeit). Insgesamt finden sich 41 Kategorien. Sie werden alle von der göttlichen Botschaft und Ordnung (also Außenwelt bzw. Universum) induziert. Ramadan betrachtet die *maqāṣid* als eigenständige Quelle.

Allen Ansätzen ist gemein, dass bestehende *maṣāliḥ* neu gedeutet und dazu neue vorgeschlagen werden. Ferner kritisieren alle, dass die bestehenden *maṣāliḥ* aus der vormodernen Literatur sich auf das Individuum beschränken. Daher erweitern sie die *maṣāliḥ* zu abstrakten Ideen, die in erster Linie die Gesamtgesellschaft tangieren. Nicht verwunderlich ist daher die Entwicklung, den Menschenrechten einen Platz unter den *maqāṣid* zuzuordnen.

Doch nicht jede:r Autor:in will dies akzeptieren. Einige Autor:innen, die hier namentlich nicht vorkamen, lehnen eine derartige Einordnung bzw. die Menschenrechte in ihrer festgeschriebenen Form selbst ab, da sie entweder von der Unvereinbarkeit mit dem islamischen Recht ausgehen oder sie als europäisches und daher nichtislamisches Konstrukt betrachten. Die Mehrheit dagegen steht ihnen positiv gegenüber. Dabei gibt es zwei Haltungen: Aneignung und Angleichung.

> »Die Kernaussage der Position der Aneignung lautet, dass Islam und Menschenrechte nicht nur vereinbar sind, sondern vielmehr, dass Menschenrechte *nur im Islam* verwirklicht werden können,

57 Ramadan, zitiert nach Bassiouni, *Menschenrechte*, 222.

da sie auf einem religiösen Fundament beruhen und somit einen Pflichtcharakter haben.«[58]

Menschenrechte seien also eigentlich islamische Menschenrechte, von denen einige sogar dem Offenbarungstext angepasst werden müssten, wie etwa die Vorstellung über die konkrete Umsetzung der Geschlechtergleichheit. Hier befürwortet man eher, dass das klassisch islamrechtliche System Anwendung finden soll. Somit entsteht eine Spannung zwischen einem zeitgenössischem Verständnis der Geschlechtergleichheit und der tradierten Form geschlechtsbezogener Rechte und Pflichten. Menschenrechte sind – wenn wir dieser Haltung folgen – nur insofern gültig, als dass sie dem Offenbarungstext nicht widersprechen.

Diese Spannung versucht der Ansatz der Angleichung anders zu lösen. Bassiouni ermittelt dazu vier unterschiedliche Herangehensweisen.[59] Der Kerngedanke ist, dass die Offenbarung nichts beinhaltet, was den Menschenrechten widerspricht. Es ist die konkrete Umsetzung der göttlichen Botschaft durch die Gelehrten, die zu einem Widerspruch führt. Die Ansätze zum Lösen dieses Widerspruchs sind unterschiedlich: Eine Gruppe versucht, die Texte anders zu deuten, indem sie sich auf sekundäre und tertiäre Wortbedeutungen stützt, wie etwa in Bezug auf den Wert der Zeugenaussage von Frauen (Q 2:282) und die Stellung der Frau in der Familie (vgl. Q 4:34).

Der nächste Ansatz (Bassiouni nennt ihn den »evolutionären Ansatz«) sieht in medinensischen Suren die Umsetzung mekkanischer Grundsätze. Da die medinensischen Suren auf einen spezifischen Kontext beschränkt sind, gilt die gesamte Aufmerksamkeit den mekkanischen Suren, was zur Folge hat, dass man einen großen Teil des Korans entkräftet. Weitere Ansätze lösen den Widerspruch durch verschiedene Historisierungsbestrebungen. Hierbei versucht eine Gruppe von Autor:innen, die Reaktionen des Korans auf die vorisla-

58 Bassiouni, *Menschenrechte*, 92.

59 Die folgenden Ausführungen basieren auf Bassiouni, *Menschenrechte*, 109–126.

mischen Vorstellungen herauszuarbeiten, von denen sie eine Evolution ablesen wollen und diese dann zum Maßstab für die Bewertung heutiger Zustände machen. Wieder andere, wie etwa der pakistanische Philosoph Fazlur Rahman (gest. 1988), historisieren die Koranpassagen vollständig. Der Koran ist demnach in der Geschichte, konkret auf der arabischen Halbinsel im 7. Jahrhundert entstanden und reagiert auf die damaligen Umstände. Alles, was wir im Koran sehen, muss entsprechend historisch verortet, verstanden und auf die heutigen Umstände hin aktualisiert werden. Die koranischen Anordnungen dürfen, so Rahman, nicht nur nach dem äußeren Sinn verstanden werden, sondern man müsse die sich wandelnden sozialen Umstände bedenken.[60] Wenn wir die Erbverteilung im Koran in Q 4:11 betrachten, so mag die Verteilung von 1:2 auf Tochter und Sohn zwar nach frühislamischen Maßstäben fortschrittlich und gerecht gewesen sein. Diese einstmals gerechte Verteilung muss aber nach Rahmans Ansatz auf die heutigen, geänderten Umstände angepasst werden.

All diese Ansätze sind nicht nur im Diskursraum ›islamisches Recht‹ entstanden. Koranhermeneutische Ansätze (z. B. Rahman; Nasr Hamid Abu Zayd, gest. 2010) sind einflussreich genug gewesen, um über die *maqāṣid* zu reflektieren bzw. die Frage der Vereinbarkeit von modernen Vorstellungen mit der koranischen Offenbarung zu lösen.

Das grundsätzliche Problem der hier präsentierten Ansätze ist, dass die *maqāṣid*, die die Autor:innen vorschlagen, vage und beliebig sind. Es wird nicht klar, nach welchen Maßstäben die unterschiedlichen *maqāṣid* bestimmt werden. Ferner ist auch unklar, wie man sie zu verstehen hat. Zum Beispiel sehen wir bei Adis Duderija und Ǧamāl ad-Dīn ʿAṭīya für den Schutz der Familie übergeordnete Ziele wie Liebe, Barmherzigkeit und Besonnenheit. Duderija nimmt dies als Anlass für das Einbeziehen der Geschlechtergleichheit, während ʿAṭīya sie im klassisch-islamrechtlichen Sinne deutet.[61]

60 Vgl. Rahman, *Islam and Modernity*, 18 f.

61 Vgl. Opwis, »New Trends«, 30.

Damit soll nicht gesagt sein, dass die vormoderne Vorstellung über die *ḍarūrīyāt* nicht ebenfalls willkürlich ist. Man hätte ja z. B. ausgehend vom Verbot des Weinkonsums (vgl. Q 5:90) ein weiter gefasstes oder auch ein enger definiertes Gut geschützt sehen können als den schwammigen Begriff des ›Schutzes der Vernunft‹. Es wäre etwa viel wahrscheinlicher, vom ›Schutz der menschlichen Verantwortlichkeit‹ oder ›Zurechnungsfähigkeit‹ auszugehen. Dies passt auch eher zu den *uṣūl al-fiqh*, diskutieren doch die Gelehrten darüber, inwiefern Personen im Rauschzustand als zurechnungsfähig gelten.

Den bisherigen Ausführungen müssen wir noch hinzufügen, dass alle zeitgenössischen Ansätze eine Reaktion auf die Umstände des 20. und 21. Jahrhunderts sind. In Zeiten der Gründung von Nationalstaaten sowie der Implementierung neuer Rechtssysteme, die Islamrechtliches oft nur beschränkt oder gar nicht aufnahmen, versuchten die Gelehrten, Juristen und Autoren, die sich mit islamrelevanten Themen befassten, den muslimischen Rechtstraditionen einen Platz in diesem sich neu konstituierenden Gefüge zu verschaffen. Dies erforderte ein Umdenken, dem sie mit verschiedenen Ansätzen gerecht zu werden suchten.

Ferner stellte sich die Frage nach der ›Islamizität‹ geltender Prinzipien sowie akzeptierter Werte und Normen. Die *maqāṣid*-Debatte sollte auf all dies eine der möglichen Antwort sein. Damit kam es aber zur gekünstelten Forderung, dass Handlungen, Werte und Rechtssysteme explizit islamisch sein sollten – eine Aufforderung, die wir so bisher in muslimischen Quellen nicht sahen. Insbesondere kann man dies in dem sogenannten Minderheitenrecht sehen. Yūsuf al-Qaraḍāwī (gest. 2022), der diesen Diskurs prägte und sich mit den *maqāṣid* beschäftigte, betonte die Anwendung der *maqāṣid*, um für diejenigen Muslim:innen, die in mehrheitlich nichtmuslimischen Gesellschaften leben, Lösungen vorzuschlagen. Damit versucht man Handlungen als islamisch legitim einzuordnen. Die vormoderne Rechtsliteratur aber hat nicht danach gefragt, ob eine Handlung islamisch ist, sondern lediglich, ob sie im Rahmen der bestehenden Tradition legitim ist oder aus ihr heraus neue Handlungsmuster begründet werden können.

Zudem fand im Rechtsdiskurs mit Rekurs auf die *maqāṣid* ein erkenntnistheoretischer Wandel statt, der vornehmlich für Sunniten gilt: Wurde vordem die menschliche Fähigkeit in Frage gestellt bzw. diese eingeschränkt, das Gute und Böse unabhängig von der Offenbarung zu erkennen, muss diese Fähigkeit dem Menschen nunmehr zugesprochen werden. Denn nur so kann es ihm möglich sein, die *maqāṣid* zu erkennen und den Widerspruch zwischen dem äußeren Wortlaut der Offenbarung zu den *maqāṣid* zu lösen. Die Erkenntnisfähigkeit wird dabei mit dem Koran begründet, z. B. durch das koranische *fiṭra*-Konzept bei Ibn ʿĀšūr.

Eines haben die vormoderne und die zeitgenössische Literatur gemein: Die vorgeschlagenen Handlungsoptionen und ihre Bewertung sollen dem Koran und der Sunna nicht widersprechen. Der Ansatz, wie man einen Widerspruch auflösen kann, ist aber anders. Die vormodernen Gelehrten setzen viele Bedingungen voraus, damit man z. B. die harten Körperstrafen im Koran (sog. *ḥudūd*) nur schwer ausführen kann. Progressive Ansätze dagegen verorten sie teils historisch und sagen, dass man sie neu deuten darf. Zentral ist damit die Botschaft des Korans und nicht der äußere Wortlaut. In dieser Spannung – ob man den Wortlaut des Korans als universal erachtet oder seine Botschaft – bewegen sich heutige Positionen in islamrechtlichen Debatten, wie auch in der Koranhermeneutik.

Zusammenfassung

Es gibt verschiedene Ansätze außerhalb der *uṣūl al-fiqh*-Literatur, die die Gelehrten dazu befähigen sollen, der muslimischen Tradition entsprechende Lösungen im Bereich des Rechts zu formulieren. Einige von ihnen sind bereits entdeckt worden (z. B. *al-ʿamal bi-š-šabahayn*, aṭ-Ṭūfīs und as-Saraḫsīs Ansätze), andere sind noch unbekannt und warten auf systematische Aufarbeitung. Einige Zugänge erfreuen sich großer Beliebtheit in ihrer vormodernen Form, wie etwa die juristischen Maximen und Rechtsprinzipien (*qawāʿid fiqhīya*). Einen besonderen Ansatz, die *qawāʿid* zu berücksichtigen, finden wir bei

Ibn Rušd, der seine juristische Hermeneutik rechtsphilosophisch begründet. Neuere Herangehensweisen im 20. und 21. Jahrhundert werden an die vormoderne Tradition angebunden. Das soll ihnen Autorität und Legitimität verleihen. So etwa werden *maṣāliḥ* (Interessen) neu als *maqāṣid* (übergeordnete Ziele) gedeutet. Ab dem 20. Jahrhundert betont man die *maṣlaḥa* im Sinne von *maqāṣid* so stark, dass sie seither nahezu als unabhängige Quelle betrachtet werden. Die Auflistung der *maqāṣid* dagegen variiert in der Literatur, wenn verschiedene Arten vorgeschlagen werden, worunter u. a. die Menschenrechte subsumiert sind. Und die *maqāṣid* werden sogar in Betracht gezogen, um über die Islamizität säkular begründeter Handlungen, Werte und Normen zu reflektieren und neue Umstände entsprechend zu bewerten.

Schlusswort

Muslim:innen haben sich von Anbeginn der Verkündung des Korans an gefragt, nach welchem Maßstab sie ihre Handlungen bewerten sollen. In der Rechtstradition hat man sich sukzessive ab dem 3./9. Jahrhundert darauf geeinigt, dass das Recht auf Koran und Sunna fußen soll. Es war aber klar, dass man nicht alle Fälle des täglichen Lebens durch die Texte in Koran und Sunna würde regeln können. Damit entstand die Frage nach weiteren legitimen Quellen, was in theoretischen Abhandlungen besprochen worden ist, auf die sich die hier gegebene Darstellung weitgehend beschränken musste. Ferner stellte sich die Frage, wie man willkürliche Auslegungen unterbindet. Sunniten waren mit dieser Frage in besonderer Weise konfrontiert, da sie weder einen unfehlbaren Imam anerkennen noch Institutionen, wie sie sich etwa im Christentum herausgebildet haben. Entsprechend hat man versucht, jede Rechtsquelle und Methode nach dem Maßstab der göttlichen Offenbarung und der Tradition des Propheten zu bewerten. Das hat u. a. dazu geführt, dass bestimmte Quellen idealisiert wurden (*iǧmāʿ* und *ʿurf*) und sie auch als politisches wie theologisches Instrument dienten.

Wir sehen auch, dass die Quellen und Methoden stark von ihrem historischen Kontext beeinflusst sind. Besonders gut zu beobachten ist das am Beispiel von *istiḥsān*, *maṣlaḥa* und *maqāṣid*. War *istiḥsān* zunächst eine sehr dynamische, stark rationalistisch orientierte Rechtfindungsmethode, wurde er durch den Druck traditionalistisch orientierter Gelehrter von Befürwortern schließlich so gedeutet, dass er dem *qiyās* ähnelte. War *maṣlaḥa* in der Vormoderne noch ein Argument für Einzelfallentscheidungen, wurde sie nun als übergeordnetes Ziel der Scharia gedeutet. Ihr wurden abstrakte Ideen wie Gerechtigkeit, Gleichheit und Freiheit zugeordnet, und sie wurde als Maßstab für ein Gesellschafts-, ja sogar Staatsmodell herangezogen. Damit wurde auch sie zu einer eigenständigen Quelle. Begünstigt wurde dies durch den politischen Wandel im 19. und 20. Jahrhundert und die Entstehung von Nationalstaaten. Auch der Zweite Weltkrieg hat einen Anteil daran, schließlich wurden die Menschenrechte als Reaktion darauf verkündet. Diese machen einen nicht unwichtigen Teil der unterschiedlichen Theorien der *maqāṣid* aus.

Die übersetzten Textbeispiele aus der vormodernen Literatur zeigen, dass die Gelehrten unter ganz anderen Vorzeichen gedacht und argumentiert haben, als wir es heute tun. Es mag auf uns befremdlich wirken, wenn die Gelehrten Mietverträge als ›Verkauf von Nutzen‹ einordnen oder *ribā*-Fälle in Ausführungen zu Tauschgeschäften besprechen. Ungewöhnlich für uns ist z. B. auch, dass man Goldgeld nach seinem Materialwert bemaß, während wir dagegen ein abstraktes Geldverständnis haben. Dies verdeutlicht, dass islamrechtliche Traditionen und auch die Frage nach den islamrechtlichen Quellen unter ganz anderen Voraussetzungen entstanden sind als die, unter denen wir heute leben. Entsprechend müssen das islamische Recht sowie die Diskussionen um seine Grundlagen von Neuem aufgenommen werden. In der Vormoderne haben die Gelehrten unter anderen Vorzeichen meist in einem kleineren Rahmen Versuche der Neujustierung unternommen, wie z. B. bei der Entwicklung von juristischen Maximen und Rechtsprinzipien.

Dass heute eine Neujustierung notwendig ist, sehen wir ebenfalls an der modernen *maqāṣid*-Diskussion. Eine Reflexion und Neuausrichtung der islamischen Rechtswissenschaften ist aber nicht möglich, wenn man ihre vielfältige Tradition nicht kennt. Erst mit ihrer Rezeption werden die Bedürfnisse klar, die für eine Neujustierung berücksichtigt werden müssen. Auch bedeutet eine Umstrukturierung der islamischen Rechtswissenschaften eine große Herausforderung, die erkenntnistheoretischer, hermeneutischer und rechtsphilosophischer Reflexion bedarf. Ein Beispiel für eine rechtsphilosophisch begründete Herangehensweise haben wir bei Ibn Rušd gesehen. Die modernen *maqāṣid*-Ansätze jedenfalls haben solche Reflexionen bisher nicht oder nur teilweise – und nicht zufriedenstellend – geleistet. Also bleibt der islamischen Theologie weiterhin die Aufgabe, in diesem Bereich aktiv zu werden.

Literaturempfehlungen und Bibliographie

Die hier empfohlene Literatur ist zugleich die Grundlage der Einführung. Alle hier angegebenen Informationen stammen aus ihnen, sofern ich es im Text nicht anders angegeben habe. Übersichtsinformationen sind zudem in den jeweiligen Einträgen zu den Quellen in den folgenden Enzyklopädien empfohlen, die ich ebenfalls konsultiert habe.

Enzyklopädien und Lexika

Bearman, Peri J./Th. Bianquis/C. E. Bosworth/E. van Donzel/W. P. Heinrichs et al. (Hgg.): *Encyclopaedia of Islam, Second Edition* (*EI²*), 13 Bde., Leiden: Brill, 1986–2004.

Fleet, Kate/Gudrun Krämer/Denis Matringe/John Nawas/Everett Rowson et al. (Hgg.): *Encyclopaedia of Islam – Three* (*EI³*), Leiden: Brill, seit 2007.

Hallermann, Heribert/Thomas Meckel/Michael Droege/Heinrich de Wall (Hgg.): *Lexikon für Kirchen- und Religionsrecht*, 4 Bde., Gesamtausgabe: Brill/Ferdinand Schöningh, 2019–2021.

Türkiye Diyanet Vakfı İslâm Ansiklopedisi (*TDVİA*), türkisch, islamansiklo pedisi.org.tr (letzter Aufruf: 12.11.2021).

Bibliographie

ʿAbd al-Wahhāb, al-Qāḍī Abū Muḥammad: *al-Išrāf ʿalā nukat al-ḫilāf*, hrsg. von Ḥasan Āl Salmān, 6 Bde., Riyad/Kairo: Dār Ibn Qayyim/ Dār Ibn ʿAffān, 2008.

al-Anṣārī, Murtaḍā: *Farāʾid al-uṣūl*, Qom: Maǧmaʿ al-Fikr al-Islāmī, 1422/2001.

al-Ašqar, Muḥammad Sulaymān ʿAbdallāh: *Al-Wāḍiḥ fī uṣūl al-fiqh li-l-mubtadiʾīn*, Kairo/Amman: Dār as-Salām/Dār an-Nafāʾis, 2004.

al-Bāḥusayn, Yaʿqūb ibn ʿAbd al-Wahhāb: *Al-Qawāʿid al-fiqhīya. Al-Mabādī, al-muqawwimāt, al-maṣādir, ad-dalīlīya, at-taṭawwur*, Riyad: Maktabat ar-Rušd, 1998.

Bassiouni, Mahmoud: *Menschenrechte zwischen Universalität und islamischer Legitimität*, Berlin: Suhrkamp, 2014.

Carullah, Musa: *İslam Şeriatının Esasları. Sabiteler ve Değişkenler*, hrsg. von Hatice Kübra Görmez, Ankara: Otto, 2013.

Der Koran, übers. von Hartmut Bobzin, München: C. H. Beck, 2012.

al-Buḫārī, Abū ʿAbdallāh Muḥammad ibn Ismāʿīl: *Ṣaḥīḥ al-Buḫārī*, Damaskus/Beirut: Dār Ibn Kaṯīr, 2002.

Ebert, Hans-Georg/Julia Heilen: *Islamisches Recht. Ein Lehrbuch*, Leipzig: Edition Hamouda, 2016.

Gad Makhlouf, Ahmed: *Das Konzept des kollektiven* iǧtihād *und seine Umsetzungsformen. Analyse der Organisation und Arbeitsweise islamischer Rechtsakademien*, Berlin: Peter Lang, 2018.

Al-Ġazālī, Abū Ḥāmid: *al-Mustaṣfā min ʿilm uṣūl al-fiqh*, hrsg. von Ḥamza ibn Zuhayr Ḥāfiẓ, 4 Bde., Medina: Šarīkat al-Madīna al-Munawwara li-ṭ-Ṭibāʿa wa-n-Našr, o. J.

Ghandour, Ali: *Fiqh – Einführung in die islamische Normenlehre*, Freiburg: Kalam, 2015.

Gleave, Robert: *Scripturalist Islam. The History and Doctrines of the Akhbārī Shīʿī School*, Leiden/Boston: Brill, 2007.

Hallaq, Wael B.: *A History of Islamic Legal Theories. An Introduction to Sunnī Uṣūl al-Fiqh*, Cambridge: Cambridge University Press, 2005.

Hallaq, Wael B.: »The Authenticity of Prophetic Ḥadîth: a Pseudo-problem«, in: *Studia Islamica* 89 (1999), 75–90.

Ḥassūna, ʿĀrif ʿIzz ad-Dīn: »al-ʿAmal bi-š-šabahayn ʿinda l-ḥanafīya. Mafhūmuhu, wa-š-šabah al-muʿtabar fīhi, wa-ḥukmuhu, wa-šurūṭuhu«, in: *Dirāsāt: ʿUlūm aš-šarīʿa wa-l-qānūn* 42.2 (2015), 441–470.

Heinrichs, Wolfhart: »*Qawāʿid* as a Genre of Legal Literature«, in: *Studies in Islamic Legal Theory*, hrsg. von Bernard G. Weiss, Leiden/Boston/Köln: Brill, 2002, 365–384.

Ibn Māǧa, Abū ʿAbdallāh Muḥammad: *as-Sunan*, hrsg. von Šuʿay al-Arnaʾūṭ et. al, Damaskus: Dār ar-Risāla al-ʿĀlamīya, 2009.

Ibn al-Qaṣṣār, Abū l-Ḥasan ʿAlī ibn ʿUmar: *Muqaddima fī uṣūl al-fiqh*, hrsg. von Muṣṭafā Maḫdūm, Riyad: Dār al-Maʿlama, 1999.

Ibn Qudāma, Muwaffaq ad-Dīn: *Rawḍat an-nāẓir wa-ǧunnat al-munāẓir*, Beirut: Dār al-Kutub al-ʿIlmīya, 1981.

Ibn Rušd, Abū l-Walīd: *Bidāyat al-muǧtahid wa-nihāyat al-muqtaṣid*, hrsg. von Abū Aws Yūsuf ibn Aḥmad al-Bakrī. Amman: Bayt al-Afkār ad-Duwalīya, 2007.

Ibn Rušd, Abū l-Walīd: *aḍ-Darūrī fī uṣūl al-fiqh – Muḫtaṣar al-Mustaṣfā*, hrsg. von Ǧamāl ad-Dīn al-ʿAlawī, Beirut: Dār al-Ġarb al-Islāmī, 1994.

Kamali, Mohammad Hashim: *Principles of Islamic Jurisprudence*, Cambridge: The Islamic Text Society, ³2003.

Karakuş, Bahaddin: »İstihsan Tanımına Yeni Bir Bakış: El-Amel Bi'ş-Şebeheyn Uygulaması ve İstihsanla İlişkisi«, in: *Islam Hukuku Araştırmaları Dergisi* 35 (2020), 103–127.

al-Kāsānī, ʿAlāʾ ad-Dīn: *Badāʾiʿ aṣ-ṣanāʾiʿ fī tartīb aš-šarāʾiʿ*, hrsg. von ʿĀdil Aḥmad ʿAbd al-Mawǧūd und ʿAlī Muḥammad Muʿawwaḍ, 10 Bde., Beirut: Dār al-Kutub al-ʿIlmīya, ²2003.

Krawietz, Birgit: *Hierarchie der Rechtsquellen im tradierten sunnitischen Islam*, Berlin: Duncker & Humblot, 2002.

Kurnaz, Serdar: »Der Diskurs über *maqāṣid aš-šarīʿa* – Eine begriffsgeschichtliche Untersuchung«, in: *Maqāṣid aš-Šarīʿa. Die Maximen des islamischen Rechts*, hrsg. von Jameleddine Ben Abdeljelil und Serdar Kurnaz, Berlin: EB-Verlag, 2014, 85–144.

Kurnaz, Serdar: »*Al-Maqṣūd* als Deutungs- und Entscheidungsgrundlage für die Normderivation in *as-Saraḫsīs* (gest. 483/1090) *Kitāb al-Mabsūṭ*«, in: *Islamische Normen in der Moderne zwischen Text und Kontext,* hrsg. von Hatem Elliesie, Irene Schneider und Bülent Uçar, Berlin: Peter Lang, 2019, 125–149.

Kurnaz, Serdar: *Methoden zur Normderivation im islamischen Recht. Eine Rekonstruktion der Methoden zur Interpretation autoritativer textueller Quellen bei ausgewählten islamischen Rechtsschulen,* Berlin: EB-Verlag, 2016.

Kurnaz, Serdar: »Möglichkeiten der Anwendung der *maqāṣid* in den erkenntnistheoretischen Grenzen der *uṣūl al-fiqh* am Beispiel des Analogieschlusses bei al-Ġazālī, des Vorziehens der *maṣlaḥa* bei aṭ-Ṭūfī, der juristischen Präferenz (*istiḥsān*) und der Spezifikation (*taḫṣīṣ*)«, in: *Historizität und Transzendenz im Islam,* hrsg. von Jameleddine Ben Abdeljelil, Berlin: EB-Verlag, 2017, 241–263.

Kurnaz, Serdar: *Tradition und Fortschreibung bei Ibn Rušd. Eine rechtsschulübergreifende Analyse zu Kauf- und Tauschgeschäften im islamischen Recht,* Baden-Baden: Nomos, 2020.

Lohlker, Rüdiger: *Islamisches Recht,* Wien: UTB, 2012.

al-Mawṣilī, ʿAbdallāh ibn Maḥmūd: *Al-Iḫtiyār li-taʿlīl al-Muḫtār,* hrsg. von Maḥmūd Abū Daqīqa, 5 Bde., Beirut: Dār al-Kutub al-ʿIlmīya, o. J.

Motzki, Harald: »Dating Muslim Traditions: A Survey«, in: *Arabica* 52.2 (2005), 204–253.

Musa, Khadiga: »Legal Maxims as a Genre of Islamic Law. Origins, Development and Significance of *Al-Qawāʿid al-Fiqhiyya*«, in: *Islamic Law and Society* 21 (2014), 325–365.

Muslim ibn al-Ḥaǧǧāǧ: *Ṣaḥīḥ Muslim,* hrsg. von Abū Qutayba Niẓar Muḥammad al-Fāryābī, Riyad: Dār aṭ-Ṭayba, 2006.

Oberauer, Norbert: »Die Tiefenstruktur des Rechts. Zu Wesen und Funktion juristischer ›Maximen‹ (*qawāʿid*) im klassischen Islam«, in: *Islamische und westliche Jurisprudenz des Mittelalters im Vergleich,* hrsg. von Christian R. Lange, Wolfgang P. Müller und Christoph K. Neumann, Tübingen: Mohr Siebeck, 2018, 147–168.

Opwis, Felicitas: *Maṣlaḥa and the Purpose of the Law. Islamic Discourse on Legal Change from the 4th/10th to 8th/14th Century,* Leiden/Boston: Brill, 2010.

Opwis, Felicitas: »New Trends in Islamic Legal Theory: *Maqāṣid al-Sharīʿa* as a New Source of Law?«, in: *Die Welt des Islams* 57 (2017), 7–32.

Opwis, Felicitas: »Syllogistic Logic in Islamic Legal Theory: al-Ghazālī's Arguments for the Certainty of Legal Analogy (*Qiyās*)«, in: *Philosophy and Jurisprudence in the Islamic World,* hrsg. von Peter Adamson, Berlin/München/Boston: de Gruyter, 2019, 93–112.

Özen, Şükrü: »Furûk«, in: *Türkiye Diyanet Vakfı İslâm Ansiklopedisi,* is lamansiklopedisi.org.tr/furuk--fikih (abgerufen 16.1.2021).

Rahman, Fazlur: *Islam and Modernity – Transformation of an Intellectual Tradition,* Chicago: University of Chicago Press, 1984.

Rohe, Mathias: *Das islamische Recht. Eine Einführung,* München: C. H. Beck, 2013.

Rohe, Mathias: *Das islamische Recht. Geschichte und Gegenwart,* München: C. H. Beck, 42022.

Šaʿbān, Zakī ad-Dīn: *Uṣūl al-fiqh al-islāmī,* Bengasi: Ǧāmiʿat Qāryūnis, 1995.

Saba, Elias G.: *Harmonizing Similarities. A History of Distinctions Literature in Islamic Law,* Berlin/Boston: de Gruyter, 2019.

as-Saraḫsī, Šams ad-Dīn: *Kitāb al-mabsūṭ,* 31 Bde., Beirut: Dār al-Maʿrifa, o. J.

as-Siǧistānī, Abū Dāwūd Sulaymān: *Sunan Abī Dāwūd,* hrsg. von Šuʿayb al-Arawūṭ und Muḥammad Kāmil Qarah-Ballī (Karaballı), 7 Bde., Damaskus: Dār ar-Risāla al-ʿĀlamīya, 2009.

aš-Šīrāzī, Abū Isḥāq: *al-Muhaḏḏab fī fiqh al-Imām aš-Šāfiʿī,* hrsg. von Zakariyyā ʿUmayrāt, 3 Bde., Beirut: Dār al-Kutub al-ʿIlmīya, 1995.

Stewart, Devin J.: *Islamic Legal Orthodoxy: Twelver Shiite Response to the Sunni Legal System,* Salt Lake City: University of Utah Press, 1998.

aš-Šūšāwī, Abū ʿAlī Ḥusayn: *Rafʿ an-niqāb ʿan Tanqīḥ aš-Šihāb,* hrsg. von ʿAbd ar-Raḥmān ibn ʿAbdallāh al-Ǧubrayn, 6 Bde., Riyad: Maktabat ar-Rušd, 2004.

Aṭ-Ṭūfī, Naǧm ad-Dīn: *Šarḥ Muḫtaṣar ar-Rawḍa,* hrsg. von ʿAbdallāh ʿAbd al-Muḥsin at-Turkī, 3 Bde., Beirut: Muʾassasat ar-Risāla, 2011.

Weiss, Bernard G.: *The Search for God's Law. Islamic Jurisprudence in the Writings of Sayf al-Dīn al-Āmidī*, Salt Lake City: University of Utah Press, 2010.

El-Wereny, Mahmud: »›Ihr Gläubigen! Gehorchet Gott und dem Gesandten‹ (Sure 4/95) – Die innerislamische Debatte des 20./21. Jh.s um den normativen Stellenwert der Sunna«, in: *Hikma* 10.2 (2019), 120–146.

az-Zanǧānī, Abū l-Manāqib Šihāb ad-Dīn: *Taḫrīǧ al-furūʿ ʿalā l-uṣūl*, hrsg. von Muḥammad Adīb Ṣāliḥ, Beirut: Muʾassasat ar-Risāla, 41982.

Zeineddine, Nora: *Die Methodik der islamischen Jurisprudenz – Uṣūl al-fiqh*, Baden-Baden: Nomos, 2020.

az-Zuḥaylī, Wahba: *Uṣūl al-fiqh al-islām*, 4 Bde., Damaskus: Dār al-Fikr, 1986.

Zysow, Aaron: *The Economy of Certainty. An Introduction to the Typology of Islamic Legal Theory*, Atlanta: Lockwood Press, 2013.

Index

Schlagwortverzeichnis

A

B

C

D

E

F

G

H

I

J

K

L

M

N

O

P

S

T

U

V

W

Y

Z

Personenverzeichnis

A

I

J

K

L

M

N

O

Q

R

S

T

U

W

Y

Z

Anhang

Da die Überblicksdarstellung zu den Quellen des islamischen Rechts zu komplex ist, um sie im kleinen Format dieses Buches adäquat abbilden zu können, steht sie zum Download unter dem angegebenen Link bzw. QR-Code bereit.

Schema 3: Quellen des islamischen Rechts

www.buchgestaltung-online.de/Verlinkung_Kurnaz/Kurnaz_HziR_Band%203_Anhang_Schema_3_Quellen_Uebersicht.pdf

Mehr Informationen zur Reihe und weitere interessante Titel zur islamischen Theologie finden Sie unter:

WWW.EBVERLAG.DE